Cocina tradicional mexicana

Desde Mérida hasta Ensenada, la *Cocina tradicional mexicana* ha dado gusto, durante siglos, a los más finos paladares del mundo.

En este sencillo y útil recetario, usted encontrará no sólo los ingredientes y procedimientos para realizar exquisitos platillos, sino también los tips que hacen la diferencia entre una comida ordinaria y una comida producto de la magia del buen sazón. Con este libro usted cambiará las pizzas, hamburguesas y chop sueys, entre otros, por los deliciosos uchepos, chiles en nogada, cochinita pibil o chilpachole de jaiba; en fin, por una serie de maravillas culinarias más alimenticias que la desabrida comida enlatada y para llevar.

Haga rendir más su gasto, deléitese y deleite a los suyos con la *Cocina tradicional mexicana*. ¡Buen provecho!

BLANCA NIETO

Cocina tradicional mexicana

actualidad editorial

Doctor Erazo 120   Tels.   **588 72 72**
Colonia Doctores   Fax: **761 57 16**
México 06720, D. F.

COCINA TRADICIONAL MEXICANA

Portada: Carlos Varela
Ilustraciones: Gabriel Gasca Cruz
Colaboración especial: Aristeo Vera

D.R. © 1993, Selector, S.A. de C.V.

ISBN: 968-403-710-4

Vigésima reimpresión. Abril de 2005.

Contenido

Pollo a la Jardín San Marcos. Aguascalientes

A la Feria de San Marcos

AGUASCALIENTES

De la famosísima Feria de San Marcos tenemos innumerables historias que contar; sin embargo, nos remitiremos a la que dio origen a esta suculenta receta del pollo a la Jardín San Marcos.

Se dice que Don Florent, oriundo de una de las regiones más ganaderas del país (Aguascalientes), tenía todo a su favor para ser feliz: era alto, buen tipo, hacendado y de muy buena suerte; tan es así que con él no iba eso de "afortunado en el juego, desafortunado en amores". Un día, andando de fiesta precisamente en la Feria de San Marcos, que data desde los tiempos virreinales, encontró lo que se dice su media naranja.

Y como el tiempo no puede esperar cuando cupido hace de las suyas, a los pocos días, incluso antes siquiera de que terminara la Feria, Don Florent ya estaba casado con Lala, quien desde ese momento pasó a ser Doña Lala, la esposa del patrón. Según cuenta la gente de la hacienda, el matrimonio era ejemplar: jóvenes y sanos los dos, de buena y distinguida familia los dos, de carácter firme y enérgico los dos; pero, como siempre el "pero", no los dos de buen carácter, aunque sí de buen apetito los dos. Resulta que el señor de la casa, que contaba con una inmensa cantidad de ganado, era alérgico a las carnes rojas, y he aquí el problema para Doña Lala, pues recién terminada la luna de miel y una vez ida la Feria, se tuvo que enfrentar a los caprichos de Don Florent, quien lo único que verdaderamente disfrutaba era el pollo. Así que la pobre Doña Lala comía pollo en el desayuno, en la comida y para variar un poco en la cena.

Después de las primeras concesiones, la mujer ya estaba harta de comer a todas horas pollo, así que decidió ingeniárselas y darle un giro a la gastronomía de la hacienda, que por ese entonces se llamaba Jardín y además contaba con una gran variedad de flores, plantas y árboles, que regalaban sus prodigiosas hojas, frutos y esencias. Y mujer al fin, se las ingenió para que la comida fuera algo más que pollo frito y en caldo; decidió combinar carne de cerdo con carne de pollo, aderezándolas con papas, chiles, cebolla y ajos para darle una variedad insospechada al pollo.

Dicen los que aún recuerdan los hechos que el júbilo de Don Florent por el suculento guiso fue tal, que invitó a todas las demás haciendas del estado a que probaran la magnífica receta de Doña Lala, y según se sabe, a partir de ese año, en la tradicional Feria de San Marcos uno de los platillos más demandados es el pollo a la Jardín de San Marcos, y todo gracias al ingenio de Doña Lala y al "genio" de Don Florent.

Fiambre de Aguascalientes

Naranjas sin semilla	6
Lechuga	1 grande
Plátanos	4
Aceite de oliva	6 cucharadas
Vinagre	2 cucharadas
Lomo de cerdo	500 gramos
Sal y pimienta	al gusto
Cebolla	2
Hierbas de olor	al gusto

Se lava la lechuga, se pica, y se escurre bien. Las naranjas se pelan y se cortan en gajos, quitando toda la membrana. El lomo se cuece en agua con una cebolla, hierbas de olor al gusto y sal. Cuando el agua se ha consumido y el lomo está muy bien cocido, se retira del fuego y cuando esté frío, se deshebra.

Ya para servir la ensalada o fiambre se coloca la lechuga en un platón, así como con los gajos de naranja, el plátano pelado y rebanado, el cerdo deshebrado, sal, pimienta, aceite y vinagre, mezclando todo perfectamente. Se sirve bien frío.

Pacholas

Carne molida	750 gramos
Chiles anchos	2
Cominos	1 cucharadita
Ajo	1 diente

Aceite	4 cucharadas
Sal	al gusto

Los chiles se pasan por aceite, cuidando que no se quemen. Se abren para quitar las semillas y venas y se remojan en agua caliente con poca sal. Después se escurren y se muelen junto con el ajo y los cominos.

Se sazona la carne con sal y se muele dos veces. Se vuelve a moler ya mezclada con el chile molido, formando las pacholas o bisteces muy delgados y chinitos, bajándolos del metate con cuidado para que no se rompan. Se van colocando en un platón, y ya para servirlos se fríen. Se sirven inmediatamente acompañados con una ensalada.

Pollo a la Jardín de San Marcos

Pollo	1
Papas	450 gramos
Manteca	115 gramos
Lechuga	1
Cebolla	2 chicas
Ajos	2 dientes
Chorizos	3
Chiles en vinagre	18
Sal	la necesaria

✔ *Salsa:*

Jitomate	675 gramos
Caldo de pollo	2 tazas
Vinagre	4 cucharadas

Canela	1 raja
Clavo	1
Pimienta	2
Orégano	¼ de cucharadita
Cebollas	3 chicas

El pollo se limpia, se parte en raciones y se pone a cocer en agua suficiente, con sal, una cebolla y un diente de ajo. Ya cocidas las raciones, se escurren bien y se vierten en la salsa; se sacan luego para pasarse a la sartén, que ya tendrá la manteca caliente; se fríen a que doren, friendo al mismo tiempo las papas cocidas y rebanadas. En cada plato se sirve una pieza de pollo, unas rebanadas de papa, un poco de salsa y una rebanada de chorizo frito. Se adorna con hojas de lechuga y unos chiles en vinagre.

✔ *Salsa*:
Los jitomates se ponen a cocer en dos tazas de caldo. Ya cocidos se sacan, se muelen con la canela, el clavo, la pimienta, el ajo y el caldo en que se cocieron; se les agregan la cebolla picada muy finamente, el orégano, el vinagre y sal.

Albóndigas de pescado. Baja California

"El que hambre tiene
en pan piensa"

BAJA CALIFORNIA

Baja California es una península bellísima bañada por
el mar. A este esplendoroso marco natural llegaron
sus primeros pobladores desde el norte; su medio de
subsistencia eran la caza y la recolección, lo que sig-
nifica que eran nómadas. Además de los productos
adquiridos por medio de la caza y la pesca, en su
alimentación utilizaban las semillas y los frutos que
recolectaban. Según testimonios de los cronistas, no
se usaba la sal y, cosa extraña y única, conservaban
el agua en buches de lobo marino.

La historia de esta península a partir de la coloni-
zación nos enseña un camino muy diferente al del
resto del país, pues según dicen los jesuitas, que
fueron los primeros misioneros, el choque cultural
fue tremendo.

No obstante, hay que destacar que los misioneros
fueron quienes introdujeron el cultivo del maíz en
la región peninsular; también llevaron la vid, el oli-
vo y el dátil. Asimismo, hay que recordar que duran-

te el siglo XIX se asentaron ahí varias etnias provenientes de países como Rusia, China, Japón y Francia, las cuales dejaron marcada influencia en el gusto gastronómico de la región. Quizá ése sea el motivo, por el cual se acostumbra usar ingredientes enlatados en la preparación de muchos platillos.

Entre las tradiciones, más arraigadas en el estado está la elaboración de los buñuelos, pues no hay que olvidar que el trigo es uno de los productos más consumidos en la entidad. Los buñuelos son típicos de la cuaresma; se sirven con miel hecha de piloncillo y guayaba.

Otro de los platillos típicos del estado es la bandera de frijoles, que a más de ser de una belleza y colorido fascinantes, es de un sabor encantador. Además, combina frijol, carne de cerdo, aguacate, chile y queso, con lo cual es por sí solo un platillo completo. De esta entidad también son las deliciosas albóndigas de pescado.

Por su exquisito sabor, los mejores platillos son de tortuga y caguama, prueba de ello es su sopa de pecho de caguama de la que damos la receta:

Sopa de pecho de caguama

Pecho de caguama	675 gramos
Carne de caguama en trozos	450 gramos
Jitomate	675 gramos
Cebolla	225 gramos
Chícharos	225 gramos

Ajo	8 dientes
Vino tinto	2 tazas
Aceite	1/2 taza
Chiles verdes	12
Orégano	1 cucharada
Vinagre	4 cucharadas
Jengibre, sal y pimienta al gusto	

El pecho de caguama y los trozos se lavan muy bien; se parten en raciones y se ponen a cocer en tres litros de agua. Cuando la carne empieza a cocerse, se le agregan picados, los ajos, cebollas y jitomates; el vino, el aceite, el vinagre, los chiles en tiritas, el orégano, un poco de jengibre, sal, pimienta y los chícharos. Se dejan hervir hasta que todo esté muy bien cocido.

Guacamole. Campeche

Y tú tan campechana

CAMPECHE

Seguramente el dicho que reza: "Y tú tan campechana", le es muy familiar, y más se le hará después de disfrutar la deliciosa historia que, a guisa de anécdota, dio origen a tan singular adagio.

Resulta que una pareja de costeños estaba recién casada; él era todo amor y ella, además de ser todo amor, era toda belleza, siempre arregladita, con los cabellos muy alisados, con las enaguas muy limpias y frondosas y siempre alegre y atenta con su recién adquirido marido. Resulta que, como todas las parejas de recién casados, no siempre prevén las cosas cotidianas a las que se tienen que enfrentar. Él admiraba a ella, pues además de tener un rico ritmo para bailar y gracia en su comportamiento, era demasiado amorosa y muy "prendidita", como se dice por ahí. Y como todo hombre de bien pensaba en su futuro, pues sabía que la luna de miel no es eterna y que tarde o temprano hay que comer en casa y no en los restaurantes. Ella parecía dar poca importancia a los menesteres del hogar y, en tanto llegaba la hora de ocuparse de ello, se limitaba a disfrutar. Pero llegó el momento en que tuvieron que estar juntos casi todo el día, día en que además tenían que comer en casa, y ella no daba la menor muestra de preocupación, ni de sentir apuro alguno para preparar la comida. Él, al notar que ya era casi la hora de la comida y que su esposa estaba igual de alegre, arreglada y amorosa, empezó a inquietarse, pues no veía movimiento alguno por la cocina, sino que, por el contrario, ella estaba muy desenfadada atendiéndolo; él no pudo más y estalló diciendo: "Mira qué hora es, es casi la hora del almuerzo (así se le dice en el sureste) y tú aquí tan campechana", haciendo obvia burla a la manera tan alegre en que ella se comportaba. Ella, muy quitada de la pena, lo invitó a pasar a la mesa y probar el delicioso esmedregal a la cazuela que ella misma había preparado en un santiamén y sin que él se diera cuenta. La sorpresa de él no tuvo límites y repitió la famosa frase: "Esto está tan rico y delicioso, y tú tan linda y campechana".

Esmedregal a la cazuela

Pescado esmedregal	900 gramos
Puré de jitomate	450 gramos
Cebolla	115 gramos
Ajo	8 dientes
Chiles dulces	115 gramos

Pimientas	6
Cominos	6
Orégano	1 cucharadita
Aceite	¼ de taza
Perejil, sal	
y nuez moscada	al gusto

El pescado se lava y se parte en pedazos medianos, se le pone limón y se deja reposar un rato. En el aceite se acitronan la cebolla y ajos; se les agregan el chile dulce en rajas, el puré de jitomate, las especias molidas y el perejil picado. Se sazona con sal y pimienta, se le pone el pescado a la salsa y se deja cocer un rato a que quede espesa.

Pámpano campechano

Pámpanos de regular tamaño	1½ kilogramos
Achiote	¼ de cucharadita
Limones	2
Sal	1 cucharada
Pimienta	½ cucharadita
Ajo	4 dientes
Orégano seco	½ cucharadita
Cominos	6
Cebolla	1 grande
Aceite	4 cucharadas

Se lavan muy bien los pámpanos y antes de cocinarlos se untan con el limón y la sal. El achiote se muele con los ajos y las especias, agregando una poca de agua.

Los pámpanos se untan por dentro y por fuera con el aceite y con la salsa de achiote. Se colocan en una charola de horno engrasada, poniendo encima la cebolla en rebanadas. Cuando el pescado ha soltado jugo se quita esta última dejando que dore un poco.

Pan de cazón

Cazón	500 gramos
Cebolla picada	2 cucharadas
Epazote picado	2 cucharaditas
Sal	al gusto
Aceite	

Se le quita la piel al cazón y se pone a cocer con la sal. Se desmenuza con un tenedor, se fríe con la cebolla y el epazote a fuego bajo y moviéndolo constantemente sin que llegue a dorarse.

✔ *Complemento*

Frijol colado:

Frijol negro	450 gramos
Cebolla	1 chica
Manteca	1 cucharada
Epazote	1 ramita
Tortillas	25

Se ponen a cocer los frijoles como de costumbre, pero sin demasiada agua para que cuando estén cocidos queden espesos. Se muelen y se cuelan con su mismo caldo. Se fríen en manteca muy caliente para que queden como puré.

✔ Chile frito:

Jitomate	750 gramos
Epazote	1 ramita
Cebolla rebanada	1 chica
Manteca	225 gramos
Chiles serranos	2
Agua	¼ de taza
Sal	al gusto

Se pela el jitomate, se le quitan las semillas y se muele con el chile. En una cacerola se ponen la manteca cruda, el epazote, la cebolla y la sal dejando que hierva. Antes de que empiece a resecar se le agrega el agua, dejando que hierva un poco, pero sin que se reseque.

✔ Conjunto:
Las tortillas sin freír se pasan por el chile frito. Sobre cada una se pone una capa de puré de frijol y otra de cazón. Se cubre con otra tortilla, también pasada por el chile. Encima de cada tortilla se agrega una cucharada de chile. Se sirve aparte un guacamole para acompañarlo.

Chilaquiles. Coahuila

Rosita, no me desaires, la gente lo va a notar

COAHUILA

Coahuila es famoso por sus corridos y su deliciosa comida, así como por sus tradiciones. Los oriundos del estado tienen un corrido muy famoso llamado *Rosita Alvírez*, que cuenta la historia de una mujer muy guapa y coqueta que se la pasaba haciendo suspirar a cuanto cristiano se le ponía enfrente; pero un buen día, para su desgracia, sucedió que por andar desairando a un paisano, éste la ajustició y "la pobre de Rosita está en el cielo, dándole cuenta al Creador".

Bueno, eso dice el corrido. Los que saben la verdadera historia cuentan que El Canitas, que así le decían al desdichado coahuilense, de San Buena, para ser precisos, se la pasó purgando una condena muy larga pero muy deliciosa, pues gracias a él se conocen los famosísimos *chilaquiles* y los no menos famosos *burritos*. La historia es la siguiente:

Una vez preso Don Roberto, alias El Canitas, no se dejó abatir por la adversidad, y dicen los que lo conocieron que era tremendo, con mucha energía y con mucho estilo para todo. Cuentan que los primeros días de prisión se resistió a comer y que fue almacenando las raciones que le daban, hasta que un día le ganó el hambre, y como se le habían juntado muchas tortillas y su paciencia era infinita, empezó a cortarlas, luego las frió en manteca, después hizo una salsa y... bueno, el final de la receta se adjunta, pero lo cierto es que así se originaron los *chilaquiles*.

En cuanto a los *burritos*, la historia es muy parecida, puesto que los inventó el mismo individuo, sólo que aquí la variante es que como era tan terco, le cambiaron de apodo, y en lugar de decirle Canitas, le dijeron *Burritos*, no sólo por hacer esa delicia de guiso, sino también porque en verdad era empecinado.

Rollo de nuez

Nuez picada	225 gramos
Corazones de nuez	225 gramos
Miel de maíz	1/4 de litro
Azúcar	450 gramos
Pasitas	225 gramos
Mantequilla	60 gramos
Leche	1 litro
Crema	1/4 litro
Vainilla	1 vaina
Bicarbonato	1/4 de cucharada

Se pone al fuego la leche, el azúcar, la vainilla, la

mantequilla, la crema y dos cucharadas de miel de maíz.

Cuando empieza a espesar se le agrega el carbonato y, cuando está bastante espeso, se ponen las pasas y la nuez picada.

Viéndosele el fondo al cazo, se retira: se bate hasta que se forma una pasta que se amasa un poco. Se forma un rollo, se cubre con miel, sobre ésta se colocan los corazones de nuez uno junto al otro procurando cubrir bien el rollo.

Pan de muerto. Colima

"El muerto al pozo
y el vivo al gozo"

COLIMA

Entre los platillos de origen muy antiguo que aún están presentes en las celebraciones familiares de los colimenses —como son las bodas, los bautizos y los cumpleaños—, podemos citar el pozole, el tatemado de cerdo o de venado, el chilayo, el pipián, el mole y los tamales, por mencionar algunos.

Sin embargo, el platillo con más tradición indígena es uno que tiene que ver con el rito de la muerte: el *pan de muerto*. En efecto, el delicioso *pan de muerto* que se come los primeros días del mes de noviembre tuvo al parecer su origen en este estado, que es uno de los más apegados a las tradiciones; tan es así que "Las comidas de cuaresma eran frugales y los mayores guardaban estrictamente el ayuno, y toda la familia abstinencia de las carnes".

En algunas festividades profanas-religiosas se contemplan plenamente las variadas muestras del arte culinario colimense, como en la Antigua Feria de Todos los Santos de Colima. También son importantes en esta región los múltiples novenarios y procesiones del año, que dan ocasión a las verbenas populares, donde se pueden saborear verdaderos manjares.

Es importante hacer notar que siendo personas tan cuidadosas en sus tradiciones, el riquísimo *pan de muerto* lo elaboran en una gran variedad de formas, todas las cuales guarda el delicado sabor de la provincia.

La *calabaza en dulce* también es de las delicias culinarias que se siguen preparando en este pequeño pero tradicional estado de nuestra república. Aquí si es cierto eso de que "El muerto al pozo y el vivo al gozo".

Alfajor de coco

Coco fresco, limpio y rallado	600 gramos
Azúcar	1 kilo 350 gramos
Canela	1 raja
Obleas	30

El coco rallado se muele muy bien en el metate para formar una pasta muy fina, se pone al fuego el azúcar, la canela y tres vasos de agua, cuando está a punto de bola cuando un poco forman una bolita en una taza de agua, se retira del fuego y se le incorpora el coco molido. Se bate muy bien con cucharas de madera o cartón forradas de obleas.

Al vaciarse la pasta a los moldes, se llena hasta la mitad con pasta de color blanco, y el resto con la misma, solamente que pintada con color vegetal rojo no muy subido.

¿En qué parte del estado hablan de vos?

CHIAPAS

Esto que se cuenta es en verdad una anécdota chistosísima y sucedió frente a las cámaras de televisión, allá por los años setenta. Resulta que en un programa de concursos en donde se premiaba la capacidad intelectual, el I. Q., se encontraba un joven originario de Chiapas, y he aquí que el distinguido visitante traía consigo todos los modismos y costumbres de esos lares, amén de los deliciosos tamales chiapanecos. De repente, la edecán que se encargaba de elegir a los participantes en el programa, eligió al joven chiapaneco, el cual, entre sorprendido y orgulloso, se puso de pie y saludó amablemente al Doctor I. Q., que era el encargado de hacer los cuestionarios que medían la capacidad de responder rápida y atinadamente a las preguntas formuladas. Esto fue lo que sucedió:

Doctor I. Q.: Muy buenas noches, querido amigo. He sabido, según me dice nuestra hermosa edecán, que usted es originario de la be-llí-si-ma tierra de Chiapas.

Chiapaneco: Así es, doctor...

Doctor I. Q.: Bien, querido amigo; supongo que está usted familiarizado con su hermoso y encantador estado.

Chiapaneco: Pues sí, doctor...

Doctor I. Q.: Eso quiere decir que lo conoce usted muy bien...

Chiapaneco: Sí, doctor; si no, no fuera chiapaneco.

Doctor I. Q.: ¡Claro, querido amigo; así debe ser! Pues bien, por la cantidad de... pesos, dígame en qué parte de Chiapas hablan de vos

Chiapaneco: Hablarán de vos, tarugo, porque si hablan de mí les parto la cara.

De todos es sabido que los chiapanecos son gente muy franca, pero también es cierto que en algunas regiones del estado se habla utilizando la forma castiza del pronombre personal, y en lugar de decir: "Oye, tú", dicen: "Oye, vos". Eso era lo que el Doctor I. Q. le preguntaba al buen chiapaneco, y fue lo que el joven no entendió. De cualquier modo, el chiapaneco, para disculparse de su falta de cortesía, le dejó al doctor los deliciosos tamales chiapanecos, y el mismísimo Doctor I. Q. se puso a comer en público ahí, frente a las cámaras de televisión. Desde aquel incidente los tamales chiapanecos y el hablar de vos se hicieron aún más famosos.

Tamales chiapanecos

Harina de maíz   1 kilogramo

Manteca	½ kilogramo
Sal	1 cucharada

✔ *Relleno:*

Pechugas de pollo	3
Pulpa de cerdo	¼ de kilogramo
Chiles mulatos	3
Chiles anchos	3
Chiles pasilla	2
Huevos cocidos	4
Jitomates	2
Tomates verdes	2
Pasitas	25
Almendras	25
Ajonjolí tostado	1 cucharada
Orégano	½ cucharadita
Pimientas delgadas	6
Cebolla	1
Ajo	2 dientes
Hojas de plátano para envolver	2 grandes

El ajonjolí se muele con la mitad de las pasitas y de las almendras ligeramente fritas y todas las especias. Los chiles se desvenan, se fríen, se ponen a remojar y se muelen. Los jitomates, tomates verdes, ajo y cebolla se fríen y se muelen.

En dos cucharadas de manteca se fríen primero las especias, se agrega el chile molido y se deja freír un poco; luego se añade el jitomate y se fríe todo un poco más; se sazona con sal y una poca de azúcar. Se añade media taza de caldo de pechuga, la cual se habrá puesto a cocer con la carne de cerdo.

La harina se mezcla con un poco de caldo tibio, se le agrega el resto de la manteca y sal; se bate, como en todos los tamales, para que esponje.

Los tamales se envuelven en las hojas de plátano; al ir envolviéndolos, se les va poniendo un poco de pollo y cerdo deshebrado y una cucharada de mole; se les agrega una pasita, una aceituna, una almendra y una rebanada de huevo cocido.

Queso de Chiapas relleno

Queso de bola de Chiapas	1
Huevos cocidos	5
Pierna de puerco molida	450 gramos
Col	115 gramos
Cebolla	1 mediana
Chiles dulces	2
Hoja de plátano	1
Jitomate	140 gramos
Aceitunas	60 gramos
Alcaparras	60 gramos
Pasitas	60 gramos
Jerez	3 cucharadas
Canela	1 raja
Sal y pimienta	al gusto
Manteca	3 cucharadas

✔ *Salsa:*

Manteca	85 gramos
Cebollas	2 chicas
Chiles dulces	2
Caldo	3½ tazas
Jitomate	675 gramos
Aceitunas	60 gramos
Alcaparras	60 gramos
Harina	60 gramos

El queso se remoja en agua tibia; con la punta de un cuchillo fino se le quita la estearina roja con que viene cubierto. Se lava muy bien, se le corta una rebanada por arriba, se ahueca con cuidado dejándolo de dos centímetros de grueso. Se introducen el relleno y las yemas cocidas enteras. Se cubre la parte que se cortó con una masa, que se hace mezclando la harina con sal y el agua necesaria. Se unta de manteca, se envuelve en una hoja de plátano y luego en una servilleta delgada; se amarra bien y se pone a cocer a vapor en una vaporera. Cuando está cocido se retira del fuego, pero no se saca de la olla hasta el momento de servirse, para que no se endurezca. Al servirse, se coloca en un platón, se cubre con la salsa muy caliente y se espolvorea de pimienta.

✔ *Relleno:*

La carne se muele con una cebolla, los jitomates asados, el chile y la col.

Todo esto se fríe en una cucharada de manteca a fuego bajo y moviéndose continuamente para que no se pegue. Se le agregan las aceitunas, alcaparras, pasitas, el jerez, sal, pimienta y canela. Se deja en el fuego hasta que espesa; se retira, se le agregan las claras cocidas, picadas finamente y se rellena el queso.

La salsa se hace de la siguiente manera: En una cucharada de manteca se fríen las cebollas picadas, los chiles dulces y los jitomates asados y picados, las aceitunas y las alcaparras. Se le agregan tres tazas de caldo y se deja hervir veinte minutos; pasado ese tiempo se cuela. En una cucharada de manteca se fríe la harina; antes de que dore se agrega el resto del caldo; se deja hervir a que espese un poco y se vacía sobre el queso.

Tamales. Chiapas

Quien padre y marido ha sido, sabe hacer buen picadillo

CHIHUAHUA

Chihuahua no sólo sobresale entre los demás estados de la república por ser el más grande, sino también por la gran variedad de ambientes ecológicos que hay en él y por una historia que, además de ser tierna, es una enseñanza y data de fines del siglo pasado. Es la siguiente:

Se dice que un grupo de inmigrantes holandeses se estableció en el estado en plena temporada de invierno, cosa que debió haber sido por la similitud de los climas de Holanda y de Chihuahua, ambos muy extremosos. Cuentan que un holandés se enamoró de una joven chihuahuense y decidió casarse con ella; vivieron por mucho tiempo muy felices y tuvieron varios hijos, pero al nacer el último, la madre se vio delicada de salud. El holandés, que se dedicaba a la elaboración del famoso queso menonita o queso Chihuahua, mientras su esposa estaba convaleciente se tuvo que encargar de las labores del hogar, y de éstas una de las más difíciles era, según él, preparar la comida. Sus hijos ya estaban cansados de comer queso dentro de la no menos deliciosa tortilla de harina grande y delgada, y un buen día le pidieron que les preparara otro tipo de comida. El papá holandés avecinado en Chihuahua no tenía alternativa, así que tuvo que ponerse a cocinar picadillo, que para él era la forma más sencilla de preparar la carne molida. Tal fue el éxito que tuvo con sus hijos que la noticia de que era un excelente cocinero corrió por toda la región. Su esposa quedó igualmente sorprendida, pues en todos los años que llevaban de casados lo único que él había sabido hacer de comer era queso con tortilla de harina. De cualquier forma se lo agradeció, a la vez que le preguntó cómo le había hecho para preparar tan rico picadillo, a lo que el holandés le respondió: "Quien padre y marido ha sido, sabe hacer buen picadillo".

Picadillo

Carne molida	3/4 kilogramo
Chicharitos cocidos	150 gramos
Papas	2 grandes
Cebolla picada	2 cucharadas
Pasitas sin semilla	100 gramos
Clavo en polvo	½ cucharadita
Canela en polvo	½ cucharadita
Aceite	3 cucharadas
Vino dulce	1 copita
Sal	al gusto

Se fríe la cebolla, y cuando está acitronada se agrega la carne. Cuando está frita, sin dorar, se ponen las papas picaditas, los chícharos, las pasitas remojadas y picadas, las especias y por último el vino dulce.

Pa'chuparse los dedos

DURANGO

Durango es famoso por las fiestas patronales que tiene cada rancho o cada pueblo, lo que ha influido notablemente en el gusto culinario de la gente. Pero lo que más llama la atención de esta región, en cuanto al placer de la comida, es el postre. Si: usted podrá dejar de comer el guisado; pero el postre, jamás.

Dulces de guayaba, membrillo, durazno y otras frutas locales le dan fama a toda la entidad, en la que sobresalen los famosos *ates*. Además, los dulces preparados en casa han hecho de Durango el estado dulcero por tradición. En los bautizos y cumpleaños es costumbre regalar a los niños ya sea una bolsa, un canasto o un plato lleno de dulces. De aquí viene la costumbre de los "aguinaldos", esos que se dan en casi todas las fiestas infantiles cuando los niños se van.

En cuanto a los *ates* (conocidos también como cajetas), suelen acompañarse con queso a la hora de servirse, así como también es costumbre que durante la Semana Santa se coma la deliciosa *capirotada*, con queso añejo y colación.

Enchiladas duranguenses

Tortillas	20
Chile ancho	150 gramos
Queso añejo	250 gramos
Azúcar	1 cucharada
Chocolate	50 gramos
Bolillo duro	1 pieza
Cebolla	1
Canela	1 raja
Caldo	1 taza
Manteca o aceite	500 gramos
Sal	al gusto

Los chiles se desvenan y se remojan en agua fría. Se dora el pan y se muele con el chile, el azúcar, el chocolate, la canela y la sal. Se agrega a la pasta un poco de caldo caliente y en la salsa se revuelcan las tortillas, fritas previamente en aceite o manteca, enrollándolas después y cubriéndolas de más mole. Se adornan con cebolla picada y queso rallado.

No es atole con el dedo

GUANAJUATO

Guanajuato es famoso por su producción de leche de gran calidad y por sus maravillosas frutas, entre las que sobresale la fresa. Pero en cuanto a platillos, hay que recordar sus deliciosos tamales, que bien pueden ser rojos, verdes o de dulce, con todo y su rajita de canela y su pedazo de biznaga, sus pasitas de uva y su manchón rojo.

Toda esta gran variedad de tamales se debe saborear con el no menos exquisito atole blanco, hecho de tequesquite o, como le llaman ahí, "de cáscara". Este delicioso platillo es propio para el desayuno o la merienda, pero si usted quiere comer, lo que se dice comer, aquí tenemos muchísimas sugerencias que seguramente le abrirán el apetito: enchiladas, pavo enchilado, pavo relleno, el recaudo a la vinagreta, y párele de contar, porque son tantas las delicias que nos brinda este estado que en verdad de ellas puede decirse que son una joya gastronómica, joya que además es muy económica.

Atole blanco

Masa para atole	140 gramos
Canela	1 raja
Agua	6 tazas
Azúcar	140 gramos

Se deshace la masa en el agua y se cuela; luego se le agrega la canela y se pone a la lumbre, moviendo constantemente con una cuchara de madera. Cuando empieza a espesar, se le añade el azúcar y se deja en el fuego a que termine de cocerse y espesar. Se sirve muy caliente.

Patitas de cerdo estilo Guanajuato

Patitas de cerdo	12
Aceite de oliva	½ taza
Ajo	2 dientes
Cebollas	2
Laurel	1 hoja
Orégano	½ cucharadita
Pimientas gordas	3
Chiles poblanos	3
Lechuga	1 grande
Vinagre	½ taza
Fruta de la estación	al gusto
Agua	½ taza
Queso añejo	al gusto
Sal	al gusto

Se fríen en el aceite los ajos, las cebollas rebanadas y los chiles ya preparados en rajas. Cuando la cebolla está transparente, se agregan el vinagre, agua, pimienta, laurel, orégano y sal. Cuando hierve se retira del fuego. En este escabeche se ponen las patitas cocidas, dejándolas toda la noche.

Se sirven sobre una capa de lechuga picada y encima fruta de la estación. Se baña todo con el escabeche, espolvoreando encima queso añejo.

Atole y tamales. Guanajuato

Pozole. Guerrero

¿De la Costa Chica o de la Costa Grande?

GUERRERO

El estado de Guerrero tiene para dar y regalar delicias gastronómicas, todas ellas con historias bellísimas. En este estado cada personalidad culinaria destaca por sí misma: hay exquisitez en los deliciosos tamales costeños, al igual que en el riquísimo ceviche Acapulco. De ambos hablaremos un poco.

Resulta que el campesino indígena que va a trabajar al campo, necesita llevar su tentempié que le ayude a aguantar la larga jornada de trabajo, y para eso nada más fácil de llevar —y que lo mismo se puede comer recién salido del fuego que después de varias horas—, que los tamales costeños. En ellos se pone la materia básica para el "almuerzo".

Otro de los platillos más tradicionales del estado es el ceviche Acapulco, el cual se prepara en un santiamén y es alimento típico de los pescadores, pues no necesita cocinarse, solamente se prepara. Los ingredientes básicos son pescado (sierra o robalo), jitomate, cebolla, chile, limón y ganas de disfrutar de una delicia del mar.

También tradicionales —aunque no de la costa, sino de por el rumbo de Taxco— son los jumiles, cuyo sabor picante y perfumado hace las delicias de propios y extraños. Estos se pueden comer de múltiples maneras: vivos o asados en comal, en tacos; fritos, con limón y sal, o con chile, perejil y cebolla, molidos con chile verde. Usted dice; ¡anímese!

Tamales costeños

Manteca	250 gramos
Caldo de cerdo	2 tazas
Harina de maíz	1 kilogramo
Cocimiento de tequesquite	1 cucharada
Espinazo de cerdo, guisado en mole negro	1 kilogramo
Hojas de plátano	
Sal	

Se bate la manteca y se añaden poco a poco la harina, el cocimiento de tequesquite, la sal y el caldo de cerdo. Cuando la masa está bien batida, se preparan las hojas de plátano remojadas en agua caliente, se extienden y se les pone una capa delgada de la masa, en el centro de la cual se pone una cucharada de mole con un poco de carne. Se cierra la hoja con cuatro dobleces, de modo que los tamales queden cuadrados y planos, amarrándolos con una tira de la propia hoja. Se cuecen durante una hora.

Ceviche Acapulco

Pescado róbalo o sierra	450 gramos
Jitomate	225 gramos
Limones	5
Cebolla	1
Aceite de oliva	4 cucharadas
Vinagre	1 cucharada
Chiles serranos en vinagre	4
Orégano	½ cucharada
Sal y pimienta	al gusto
Aguacates	2

El pescado se parte en pequeños cuadritos, se le pone el jugo de un limón y se deja reposar durante tres horas, moviéndolo con una cucharita de madera.

A los jitomates se les quita la piel, se pican en cuadritos y se incorporan al pescado después de las tres horas de reposo, lo mismo que los chiles rebanados, la cebolla, el aceite, el orégano, el vinagre, sal y pimienta. Se sirve en copas con rebanadas de aguacate.

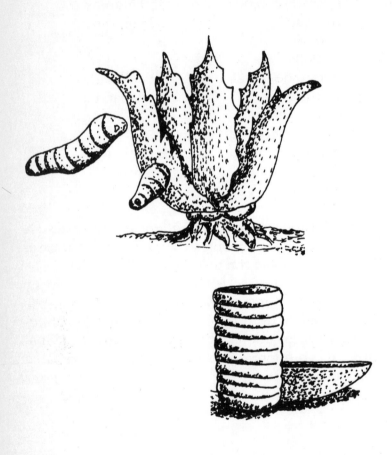

Gusano de maguey y pulque. Hidalgo

Pulque para dos

HIDALGO

Que al pulque le hace falta un grado para ser sangre, dice la sabiduría popular; ¿será cierto? Nadie lo sabe, pero todo mundo lo supone. Lo que sí es cierto y no una simple suposición es que los "curados" son la perdición de muchos, pero si se toman las debidas precauciones pueden saborearse los inigualables *pulques curados*, ya sean de apio, de fresa o de tuna, que además de ser frescos ayudan a la digestión.

También se dice que el pulque es bendición de los dioses, cosa que tampoco nadie puede sostener. Lo que sí es cierto es una anécdota muy curiosa que sucedió en Pachuca, Hidalgo, ciudad conocida como La Bella Airosa.

Cuentan que un hombre ya entrado en varios pulques, retaba a los demás comensales a decir trabalenguas, pues, según él, el pulque era maravilloso para aflojar la lengua. Mientras hacía sus retos, que por cierto nadie escuchaba, dejaba escapar una que otra mala palabra. En ésas estaba cuando apareció un hombre más hombre que él y le aceptó el reto; es decir, estaba dispuesto a pagar un "pulmón" (medida con la que se sirve el pulque) si no podía repetir el trabalenguas. Pero he aquí que el retador que tarde a tarde desafiaba a los comensales no hacía otra cosa sino mentir, pues en su vida había dicho un trabalenguas completo. El fulano que había aceptado el reto estaba a punto de propinarle una golpiza, pues se sentía timado, cuando el retador le dijo, con la mayor fluidez y claridad posibles:

"Me han dicho que he dicho un dicho, y ese dicho no lo he dicho yo, porque si yo lo hubiera dicho, estaría muy bien dicho por haberlo dicho yo".

Pastes pachuqueños

✔ *Pasta:*

Harina	500 gramos
Manteca	100 gramos
Polvo para hornear	3 cucharaditas
Leche o agua	1½ tazas
Sal	½ cucharadita
Clara de huevo batida	
Huevo para barnizar	

✔ *Relleno:*

Papa blanca	500 gramos
Filete	500 gramos
Poros	2
Perejil picado	2 cucharadas

Chile serrano	al gusto
Sal	al gusto

Se corta el filete en trozos pequeños. Los poros se rebanan y las papas se pelan, se cortan en trozos pequeños, poniéndolas en agua de sal. Ya para rellenar se sacan del agua, se agregan el perejil y el chile y se mezcla todo en crudo.

Se cierne la harina con la sal y el polvo de hornear, por tres veces. Se le mezcla la manteca con dos cuchillos, agregando el agua o la leche hasta formar una masa suave; no debe amasarse mucho. Sobre una mesa enharinada se extiende la pasta, cortada en círculos de regular tamaño, colocando en el centro un poco de relleno. Se doblan como quesadillas, agregando en las orillas una poca de clara batida, con un tenedor, para que se peguen bien. Se barnizan con huevo y cuecen al horno a 250° C para que el relleno, que está crudo, se pueda cocer.

Palanquetas blancas

Azúcar	2 tazas
Agua	3/4 de taza
Vinagre	½ cucharada
Nueces en mitades	4 tazas
Grasa	

Se hierve el azúcar con el agua y el vinagre solamente hasta que el azúcar se derrita, se deja de mover y continúa hirviendo, hasta que tome punto de bola dura. Se revuelven las nueces y se mueve con una palita de madera hasta que la mezcla quede blanca. Inmediatamente se colocan cucharadas en una charola engrasada, debiendo quedar bien separadas una de otra. Si lo que se deja caer son cucharaditas, para hacer las palanquetas más pequeñas, el espacio entre cada una puede ser menor. Cuando están fritas y bien cuajadas se pasa una espátula o cuchillo debajo de cada una, para desprenderlas.

Palanquetas oscuras

Azúcar blanca	2 tazas
Miel de piloncillo oscura y espesa	¼ de taza
Agua hirviente	1 taza
Nueces peladas, cortadas en mitades	4 tazas
Grasa	

Se pone el azúcar en una cacerola. Se vierte el agua hirviente encima y se revuelve bien para que se derrita. Se agrega la miel de piloncillo y se deja hasta que tome punto de bola. Se retira del fuego, se agregan las nueces y se revuelve a acremar. Se ponen cucharaditas sobre una lata o platón engrasado, para que enfríen. Si se desean como caramelo no se revuelve para acremar, sino que sólo se agregan las nueces al jarabe a punto de bola dura y se vierten las cucharaditas bien separadas sobre la lata engrasada. Inmediatamente que se enfrían se separan.

Papá bohemio y mamá bruja

JALISCO

Rosy es la menor de quince hermanos. Sueña con ser una muy buena maestra; su papá es maestro y su mamá, antes de casarse, era educadora, así que Rosy quiere ser como papá y mamá: maestra. Como es natural, Rosy es la consentida de la familia, pues es la única mujer y, como es la más pequeña, siempre acompaña a mamá a todas partes; y lean esta historia:

Todas las mañanas en la ciudad de Guadalajara, Don Ramón se alista para ir a dar sus clases de pintura, en tanto Doña Cheva le prepara un ligero desayuno, pues en la Perla Tapatía la comida se sirve a las 12 del día. Cierta ocasión Doña Cheva tuvo que ir a visitar a un familiar enfermo, motivo por el cual se tuvo que ausentar por unos días de su casa, y como la visita era a un enfermo, Rosy no pudo acompañarla. Rosy se quedó en casa y Doña Cheva la encargó como responsable del hogar; así, la pequeña, en su afán de cuidar bien la casa, se dio a la tarea de atender a papá como lo hacía mamá. Rosy, por supuesto, desconocía la técnica de mamá para darle de desayunar a papá, cosa que no fue problema para ella. Se levantó muy temprano, dispuso el fuego y comenzó por traer huevos, leche, canela y azúcar; todo esto lo vació en un recipiente y lo dejó hervir poco más de un rato; pero al notar que su "mezcla" no cuajaba, decidió que lo mejor era ponerla dentro de otro recipiente, es decir, a baño María, y dejar que así se cociera bien. Don Ramón sabía que Doña Cheva no estaba en casa y se retrasó un poco más de lo habitual, pero cuando llegó a la cocina percibió un delicioso aroma, y ¡oh sorpresa!: Rosy le había preparado su desayuno. Como ella había escuchado que papá tomaba leche, huevos, azúcar y canela, le hizo un guiso con esos ingredientes, todos juntos. Lo que no sabía Rosy es que, en efecto, Don Ramón desayunaba sólo eso, pero no todo en el mismo recipiente, sino por separado. De cualquier manera, Don Ramón, como buen padre consentidor, se comió el guiso, que, para su sorpresa, estaba delicioso y acabó devorándolo.

Al terminar su desayuno, Don Ramón le preguntó a la pequeña Rosy que cómo le había hecho para preparar esa delicia, a lo que ella respondió: "Es que soy una bruja como mamá". Don Ramón no pudo más que soltarse a reír y Rosy le dijo: "Come y calla"; su papá entendió jericalla, y en una noche de bohemia don Ramón contó la historia de su desayuno preparado por la pequeña Rosy. De ahí el nombre de este postre tan delicioso llamado jericalla.

Coctel Tlaquepaque

Tequila	2/3 de copa
Jugo de limón	½ limón
Granadina	1 cucharada
Hielo picado	al gusto

Se baten todos los ingredientes y se sirve frío, adornándose cada copa con una cereza.

Tepache

Piña	1
Piloncillo	1 kilogramo
Clavos	6
Cebada	300 gramos
Canela	1 raja

La piña se muele y se pone en una olla de barro en tres litros de agua, junto con la cáscara bien lavada, la canela y los clavos. A los dos días se agregan la cebada, que se habrá puesto a hervir en un litro de agua hasta que reviente, y el piloncillo; se deja fermentar un par de días, se pasa por un colador y se sirve con hielo.

Mole de Tetela de Ocampo

Pavo tierno	1
Chile ancho	750 gramos

Jitomates	500 gramos
Cebolla	1 chica
Almendras	100 gramos
Pasitas	75 gramos
Plátano macho	1
Cocoles o cemitas	2
Clavo	¼ de cucharadita
Canela	¼ de cucharadita
Manteca	3/4 de taza
Sal	al gusto
Chocolate dulce	1 tablilla
Vinagre	
Ajonjolí	

El día anterior se abren los chiles en crudo, se les quitan las semillas y las venas y se pasan por un poco de manteca, sin quemarlos. Se remojan toda la noche en agua caliente con una poca de sal y vinagre. Si no se desea picante el mole, se les cambia agua.

El pavo desflemado, lavado y cortado en piezas se pone a cocer; se agrega la sal a medio cocimiento.

El jitomate se asa y se muele con la cebolla. Las almendras y las pasas, el plátano rebanado y el pan cortado en pedazos se fríen y se muelen con las especias.

Los chiles remojados se muelen con un poco de caldo de pavo y la pasta se fríe sola hasta quedar chinita, moviéndola constantemente para que no se queme. Se agregan el pan, almendras, etcétera, molidos y cuando esto vuelve a quedar chinito se añade el jitomate molido con la cebolla, dejando que se fría bien y moviendo constantemente. Se agrega el caldo suficiente y la tablilla de chocolate para que se incorpore. Allí se colocan las piezas de pavo, sazonando la salsa con sal, y se deja espesar al gusto. Se espolvorea con ajonjolí tostado.

Pozole tapatío

Maíz cacahuacintle	1 kilogramo
Cal	1½ cucharadas
Cabeza de cerdo	700 gramos
Lomo de cerdo	700 gramos
Pollo	1
Patitas de cerdo	6
Chiles anchos	8
Ajos	4 dientes
Sal	al gusto

✔ *Adorno:*

Lechuga	1
Rábanos largos	2
Cebolla picada	al gusto
Orégano	seco, desmenuzado
Limones cortados	al gusto
Tostadas	al gusto

Un día antes, se pone a hervir bastante agua y se le agrega la cal, disuelta en una poquita de agua. Se pone allí el maíz (al fuego) y cuando está amarillo se le desprende la cascarita, se retira del fuego y se coloca en una canastita, para lavarlo bien y escurrirlo. Se pela y se le quitan las cabecitas.

También un día antes se tuestan los chiles, se

desvenan y se les quitan las semillas poniéndolos a remojar.

Al día siguiente, se pone a cocer el maíz, tirándole la primera agua. Se pone en una olla grande con las carnes cortadas en pedazos; las patitas ya deben estar cocidas. Cuando empieza a reventar el maíz y las carnes están a medio cocer, se agregan la sal y el chile molido con el ajo, dejando que hierva hasta que las carnes estén muy suaves.

Se sirve muy caliente en platos hondos, y aparte, en cazuelitas se colocan la lechuga finamente picada, la cebolla picada, el rábano cortado en rebanadas, el orégano desmenuzado, los limones y las tostadas.

Tepache. Jalisco

Perro no come perro

ESTADO DE MÉXICO

Aquello de "Perro no come perro" tiene sus bases bien fundamentadas, como la gran mayoría de refranes o dichos de la sabiduría popular. Veamos por qué:

Desde tiempos ancestrales, es costumbre en el Estado de México cavar un pequeño hoyo en el suelo y ahí cocinar, a vapor, la carne de mayor preferencia, dando así origen a la tradicional y deliciosa barbacoa, que puede ser de carnero, chivo o borrego, aunque, en honor a la verdad, la milenaria y auténtica barbacoa se hace con cordero tierno, al menos en el Estado de México. En lo que al refrán se refiere, la historia nos cuenta que en la celebración de una boda, allá por el siglo XIX, los familiares de la novia habían decidido ofrecer como menú nupcial la riquísima barbacoa y toda la familia se dio a la tarea de organizar el banquete de bodas. Se cavó el hoyo y se dispuso todo lo necesario para que los carneros se cocieran y así, más tarde, poder disfrutar del exquisito guiso. Como era de esperarse, para la organización del banquete se contó con muchas manos, y ahí tienen que en el ajetreo de la preparación de la barbacoa pasó un perro que, al no poder contener su curiosidad, se asomó al hoyo, y como no pudo guardar el equilibrio, se cayó dentro. Los familiares no repararon en el incidente; era tanta su algarabía que siguieron con el rito de la boda y, desde luego, de la preparación de la barbacoa.

Sobra decir que la fiesta estuvo en grande, señal del más buen augurio para los felices novios; todo el banquete fue de primera, rico y delicioso, pero lo que produjo la mayor satisfacción a quienes ofrecían la fiesta fue sin lugar a dudas la barbacoa, que les había salido mucho más rica y deliciosa que en otras ocasiones, cosa que llenó de satisfacción a los padres de la novia. Todo mundo decía: "Qué delicia de barbacoa". "Qué sabor". "Nunca les había quedado tan rica", etcétera. Pasó la fiesta y, como es costumbre, los restos se repartieron entre los animalitos caseros; pero esta vez el perro de la casa no quiso comer nada de lo que había sobrado de la suculenta barbacoa. Cuentan que un chiquillo que vio la desgracia de aquel perro tonto que se cayó en el hoyo, contó lo que había sucedido, cosa que explicaba por qué el perro de la casa no quería probar la barbacoa. Sea lo que fuere, hay que tomar las debidas precauciones y saborear la deliciosa barbacoa casera; y si es posible, hay que tener por ahí algún perro, pues el dicho sabiamente dice que "Perro no come perro".

Pulque curado de apio

Pulque   1 litro
Apio   100 gramos
Azúcar   al gusto

Se licúan el apio y el pulque, se agrega el azúcar, se pasa por un colador y se vacía en una olla de barro. Se mete al refrigerador a reposar durante una hora, y se sirve.

Pulque curado de fresa

Pulque   1 litro
Fresas   300 gramos
Limón   1
Azúcar   al gusto

Las fresas se lavan perfectamente para que no les quede nada de tierra. Se licúan ligeramente con un poco de pulque, y se mezcla esto con el resto del pulque, el jugo del limón y el azúcar; se refrigera por lo menos una hora, luego se pasa por un colador fino y se sirve.

Pulque curado de tuna

Pulque   1 litro
Tunas rojas   8
Naranjas   1
Azúcar   al gusto

Las tunas se pelan y se machacan, mezclándose con el pulque, el azúcar y el jugo de la naranja; se mete al refrigerador unas dos horas antes. Después se pasa por un colador fino y se sirve.

Barbacoa

Cordero tierno   1
Pencas de maguey   20
Arroz
Garbanzos
Salsa borracha
o guacamole
Sal

Se mata el cordero el día anterior; al día siguiente se divide en piezas: espinazo, piernas, espaldilla, costillas y cabeza.

Se hace un hoyo en la tierra de un metro veinte centímetros de profundidad, con una circunferencia de sesenta centímetros. Se le ponen unos tezontles, y sobre los tezontles se coloca bastante leña seca hasta llenar el hoyo; se prende, y se apaga cuando ya no sale humo.

Las pencas de maguey se limpian muy bien y se asan por los dos lados hasta que se suavizan; con las pencas ya asadas se va cubriendo el hoyo, dejando libre el centro del fondo y colocando las pencas verticalmente para que las puntas sobresalgan del horno. En el centro del hoyo se pone una parrilla y sobre ella una cazuela donde se va hacer el consomé; ahí se ponen el arroz y los garbanzos. Sobre estos ingredientes se colocan las piezas del cordero. Una vez puesta la carne, se doblan hacia adentro las pencas, cubriendo bien la carne y quedando en contacto con ella; sobre las pencas se pone una tapa de madera.

Sobre la madera se ponen más pencas y un petate y se llena el hoyo con lodo fresco; finalmente se le pone encima una poca de leña y se le prende fuego, procurando que éste no falte durante el proceso de cocimiento. Transcurridas cinco o seis horas, se abre el horno; se sacan las piezas y se espolvorean con sal fina. Se sirve con salsa borracha o guacamole.

Consomé de barbacoa

Arroz	60 gramos
Garbanzo	60 gramos
Papas	225 gramos
Zanahorias	3
Chiles chipotles	2
Epazote	1 rama

En la cazuela o lebrillo que se coloca debajo de la barbacoa, se pone el arroz y los garbanzos remojados; las papas y zanahorias en crudo cortadas en tiritas muy finas, los chipotles en tiritas, el epazote y un poco de sal. El jugo que suelta el cordero es con lo que se forma el consomé, que se sirve muy caliente en tazas.

Chorizos de Toluca

Lardo (tocino)	350 gramos
Pulpa de cerdo	1 kilogramo
Chile ancho	100 gramos
Chile pasilla	25 gramos
Pimientas delgadas	15 gramos
Canela y clavos	2 gramos
Orégano	2 gramos
Cominos	½ gramo
Ajos	2 dientes
Cebolla	1 chica
Vinagre	1/8 de litro

El chile desvenado, tostado y molido con todos los ingredientes, se mezcla con la carne picada finamente, lo mismo que el lardo, el vinagre y la sal; se llenan las tripas de cerdo de tamaño mediano; se amarran cada 12 centímetros de largo.

Pancita de carnero rellena

Pancita de carnero con los riñones, los intestinos y el hígado	1
Epazote	1 rama
Orégano	2 cucharadas
Pimentón	5 cucharadas
Cebollas	5
Ajo	10 dientes

La pancita se lava muy bien, se voltea al revés dejando la parte que tiene como esponjosa para adentro. Los intestinos se lavan muy bien; se les agregan el hígado y los riñones picados, el pimentón, los ajos, el epazote y la cebolla picados y el orégano desmenuzado. Se rellena la pancita, se cose con aguja e hilo dejándola bien cerrada; se pone a cocer en el horno con la barbacoa, poniéndola en la parte de abajo del horno. Para servirla se le quita el hilo y se rebana.

Gorditas de requesón. Estado de México

Carnitas. Michoacán

Las corundas y los novios hacen un buen casorio

MICHOACÁN

Este estado se caracteriza por su excelente clima y su gran variedad de flora y fauna lo cual hace que sus habitantes tengan una amplia y completa alimentación, aunque cabe mencionar que la dieta básica, como en el resto del país, es la compuesta por maíz, chile y frijol. Estos tres alimentos identifican a los deliciosos platillos de los llamados barrios populares; así tenemos las famosas *Corundas* de carne de puerco, el tradicional *Pollo placero*, el caldo *michi*, la sopa de *espinazo* y las *morisquetas de arroz blanco*.

Un hecho que sucedió en la plaza de San Agustín es el siguiente:

Resulta que Ana era una jovencita que gustaba mucho de los alimentos, así como los chicos bien parecidos; sin embargo, a causa de su físico, que era bastante grueso, los jóvenes de la región no la tomaban en cuenta, pues no era como las demás. Pero sucedió que un día en que se celebraba la fiesta de San Agustín (a finales del mes de agosto), se organizó una romería y ella se encargó de atender un puesto; como era natural, toda la gente pasaba por ahí, así que ella se fijaba en los atractivos lugareños y ellos ni siquiera la tomaban en cuenta. Decidida a no perder la oportunidad de "pescar novio", Ana decidió llamar la atención a como diera lugar y tuvo la ocurrencia de ponerse a guisar algo "escandaloso", algo que hiciera que todo el pueblo fuera a su puesto. Lo logró. Su puesto se hizo famoso por sus *Corundas* con carne de puerco, pues este delicioso platillo es tan rico como aromático, amén de nutritivo y fácil de preparar.

La fiesta de San Agustín pasó, la romería se tuvo que levantar y Ana seguía sin encontrar novio; pero un día que estaba guisando en su puesto dentro del mercado, apareció un tipo de muy buen ver y excelente gusto culinario que se enamoró perdidamente de las *Corundas* de Ana. Desde entonces, Ana guisa una cantidad increíble de *Corundas*, pero sólo para ella, su marido y su muy numerosa familia, que ahora vive por el barrio de El Carmen, de donde es tradicional este platillo.

Corundas

Manteca	250 gramos
Leche	½ taza
Cocimiento de tequesquite	½ taza
Masa de maíz	1 kilo
Hojas verdes de elote, frescas	
Sal	

Se mezcla el cocimiento de tequesquite con la leche; se bate aparte la manteca hasta que esponja y se le va agregando la mezcla de leche y cocimiento, se sigue batiendo, agregándole la masa poco a poco, sazonando con sal.

Se forma un cucurucho con la hoja de elote verde y se le pone un poco de masa, cerrando el cartucho con el extremo de la hoja para formar un triangulito ligeramente aplastado. Los tamales así formados se ponen a cocer al vapor durante una hora. Se sirven calientes sin la hoja, acompañando a un guiso de carne de cerdo en salsa.

Chiles rellenos estilo Michoacán

Chiles poblanos	6
Pulpa de cerdo	200 gramos
Queso fresco	½ pieza
Harina de maíz	125 gramos
Crema de leche	½ taza
Leche	1 taza
Zanahoria cocida	1
Perejil	1 ramita
Manteca	75 gramos
Levadura	¼ de cucharadita
Sal	½ cucharadita

Los chiles se asan y se envuelven en un plástico; se les quita el pellejo, se abren con cuidado y se les quitan las semillas. La manteca se bate con la sal; cuando está cremosa se le agrega la harina de maíz, que se habrá desbaratado con la leche; esta mezcla se bate con fuerza, añadiendo la levadura y unas cucharadas del caldo en que se coció el cerdo, hasta que tenga la consistencia de una masa de tamales. A cada chile se le pone una cucharada de masa, un trozo de carne y una rebanada de queso. Se cierran los chiles, se atan con hilaza y se ponen a cocer en la vaporera durante una hora, hasta que desprenda la masa del chile. Se sirven bien calientes, bañados con la crema y adornados con las zanahorias y hojitas de perejil.

Euchepos

Se rebanan en crudo elotes tiernos (cantidad, al gusto). Se muelen y se les pone sal. Se envuelven en las mismas hojas tiernas de elote y se cuecen al vapor como cualquier tamal.

A la hora de tomarse se sacan de las hojas, se rebanan y se fríen en mantequilla junto con rajas de chile poblano.

Gorditas de Morelia

Masa para tortillas	½ kilogramo
Frijoles cocidos	225 gramos
Orégano	1½ cucharaditas
Queso añejo	150 gramos
Chiles anchos	3
Chorizos	2
Manteca	300 gramos

En una cucharada de manteca se fríen los chorizos desmenuzados y sin pellejo; se sacan. En esta misma grasa se fríen los frijoles con el orégano. Los chiles se desvenan, se remojan en agua caliente, se muelen y se mezclan con la masa y la mitad del queso rallado y se forman unas gorditas como de 6 cm. de diámetro, que se fríen en la manteca bien caliente, procurando que queden bien cocidas. Las gorditas se untan con una capa de frijoles; encima se les pone queso desmoronado y un poco de chorizo.

Ate de mamey

Agua	1 taza
Mameyes maduros	5
Almendras dulces	4
Azúcar	250 gramos
Canela	1 raja

En la taza de agua se pone el azúcar al fuego con la canela, para hacer un almíbar liviano. Se limpian los mameyes y se pasan por un cedazo; el puré se mezcla con el almíbar y las almendras molidas.

Ate de camote y pina

Camote	1 kilogramo
Piña	1 chica
Azúcar	1 kilogramo
Soletas	1½ docenas

Jerez	1 copa
Piñones	25 molidos
Limón	1

Se ponen a cocer los camotes con el agua necesaria para cubrirlos, hasta que se sientan suaves; se mondan calientes, se frotan con un limón para que no se pongan prietos y se prensan tres veces. Se ponen al fuego con 950 gramos de azúcar y la piña bien molida; se mueve hasta que se le empieza a ver el fondo al cazo. Se vacía a un platón sobre las soletas (que se habrán acomodado y bañado con 50 gramos de jarabe natural, que se habrá hecho de la misma cantidad de azúcar y mezclado con el jerez). Se adorna con los piñones.

Chongos zamoranos

Leche	2 litros
Azúcar	2 tazas
Pastilla para cuajar	1
Canela	al gusto

Se entibia la leche con el azúcar, para que se derrita bien; se le agrega la pastilla, disuelta en una poquita de agua tibia, mezclándola muy bien y se deja cuajar. Cuando está cuajada, se corta en cuadros, y se agrega a cada uno una rajita de canela.

Se pone a fuego moderado, para que el mismo suero endulzado forme la miel de la consistencia que se desee.

Membrillate

Membrillos maduros	2 kilogramos
Azúcar	2 kilogramos
Corazones de membrillo	8

Se pelan los membrillos, partiéndolos en cuatro y quitando los corazones, de los cuales se apartan ocho, que se ponen a remojar en una taza con agua. Los membrillos pelados y sin corazones, se van colocando en un trasto con agua fría. Cuando están todos, se ponen a cocer y ya estando suaves y transparentes, se escurren y se muelen. Si se desea más fino se pasa por colador.

Se exprimen bien los corazones de membrillo que se remojaron y con la misma agua se moja el azúcar y se pone al fuego hasta que se derrita.

Se agrega la pasta de membrillo y se está moviendo continuamente con cuchara de madera, para que no se pegue. Cuando se le ve fondo a la cacerola y la cuchara se queda parada en la pasta, se retira del fuego y se bate por espacio de 10 minutos.

Se vacía en los moldes y se deja asolear varios días, hasta que se seca. Se saca de los moldes, envolviendo cada trozo o figura en papel encerado, guardándolos en lugar fresco y seco durante un año. 👋

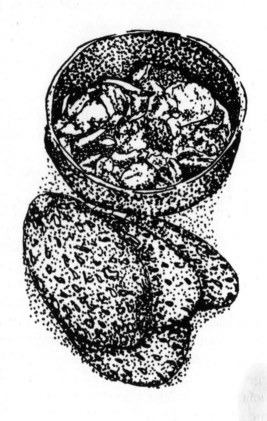

Nopalitos

Manchamanteles

MORELOS

"La mesa debe ser como un altar", decía el papá de Elenita y de Debi, quien al sentarse a la mesa revisaba cuidadosamente cada uno de los enseres que en ella había, ante el asombro de las dos niñas, que entre confundidas y hambrientas esperaban a que su papá diera el visto bueno. El padre de Elenita, según cuenta ella misma, no es que fuera gruñón ni mal encarado, nada de eso; simplemente gustaba de una mesa limpia, pura, resplandeciente de blancura, que pareciera un altar y, por supuesto, muy abundante; porque, eso sí, le gustaba comer, y comer muy bien.

Cierto día la mamá de Elenita preparó como comida una ricura más, de esas a las que ya los tenía acostumbrados, pero he aquí que la delicia gastronómica era tan desbordante y tan colorida que invitaba a chuparse los dedos; sí, literalmente a chupar-se los de-dos, pues el guiso lo ameritaba. Tan es así que el propio padre de Elenita, que era un hombre muy correcto y descendiente directo de la más refinada aristocracia, decidió olvidar sus finos modales y tomó las tortillas como si fueran cucharas, y así fue como terminó de disfrutar el platillo. Ante tal situación, las niñas terminaron por unirse a su padre, y junto con la madre dejaron el mantel, que al principio de la comida era blanco como un altar, sumamente manchado. Pero el éxito del platillo fue tal que al papá de Elenita no le importó el color del mantel, y de ahí en adelante permitió que sólo en las ocasiones en que se comiera ese platillo se podía manchar el mantel. Desde entonces el platillo se conoce como manchamanteles, y si usted lo prueba seguramente no le importará manchar su mantel.

Chalupas de Morelos

Masa	½ kilogramo
Queso manchego rallado	200 gramos
Cebolla picada	1 grande
Carne de cerdo deshebrada	350 gramos
Salsa verde	al gusto
Manteca o aceite	500 gramos
Lechuga	1 chica

Con la masa se hacen tortillas delgadas que se cuecen en el comal, se fríen en suficiente aceite, y se colocan en un platón. Se les agrega encima la carne deshebrada, la cebolla, el queso y se bañan con salsa verde. Se sirven calientes, adornadas con lechuga.

Lomo de cerdo con ciruelas estilo Morelos

Lomo de cerdo	1½ kilogramo
Ajo	1 diente grande
Cebolla	1 mediana
Limones	2
Sal y pimienta	al gusto
Aceite	3 cucharadas
Ciruelas	de 36 a 48
Azúcar	2 tazas
Agua	2 tazas

Sesenta minutos antes de meter el lomo al horno, se unta con una pastita hecha con el ajo y la cebolla molidos, el jugo de un limón, sal y pimienta. Después de este tiempo se coloca en una charola de horno, bañándolo con el aceite. Se mete al horno moderadamente caliente, 400°C, dejándolo una o dos horas, según lo tierno de la carne.

Por separado se pone al fuego una cacerola con dos tazas de agua y dos de azúcar, moviendo con palita de madera hasta que el azúcar se disuelva.

En el momento de soltar el hervor se deja de mover, agregando una cucharadita de jugo de limón. Cuando ha hervido 1 minuto se agregan las ciruelas bien lavadas (deben estar maduras pero firmes), dejando que hiervan hasta quedar suaves pero no reventadas. Se sirven acompañando la carne.

Pierna de cerdo con ciruelas

Pierna	1 chica
Ciruelas de Cuernavaca	46
Limones	2
Cebolla	1 mediana
Ajo	2 dientes
Aceite	4 cucharadas
Azúcar	2 tazas
Agua	2 tazas
Pimienta y sal	al gusto

La carne se unta con una pastita hecha con el ajo y la cebolla molidos, el jugo de un limón, sal y pimienta, y se deja reposar durante 50 minutos. Después de este tiempo se coloca en una charola, bañándola con el aceite. Se mete al horno a 340°C dejándola dos horas.

Por separado se pone al fuego una cacerola con dos tazas de agua y dos de azúcar, moviendo con una pala de madera hasta que el azúcar se disuelva.

Cuando suelta el hervor se deja de mover, agregando una cucharadita de jugo de limón. Cuando ha hervido se agregan las ciruelas, dejando que hiervan hasta quedar suaves; se sirven acompañando la carne.

Pollo de Morelos

Pollos tiernos	2
Tomate verde	2 kilos

Chipotles en escabeche	1 latita
Cebollas	2 grandes
Aceite	6 cucharadas
Sal	al gusto

El pollo se lava y se pela, poniéndolo a cocer como de costumbre. Cuando está suave se retira y se corta en piezas.

Los tomates verdes se lavan y pican toscamente, lo mismo que la cebolla. Se fríe esta última en el aceite caliente y cuando está acitronada se agregan los tomates, dejando que se frían muy bien. Se agrega caldo de pollo para soltar la salsa; que debe quedar espesa, y se colocan allí las piezas del pollo. Se sazona con sal al gusto y rajas de chipotle.

Chocolate

Caldo de camarón. Nayarit

Si tú quieres saborear
caldo de camarón...

NAYARIT

Entre las costas de Nayarit —que no son muchas, pues el estado es pequeño— hay una muy particular que es bastante popular, pues es especialista en camarones. Su nombre: Guayabitos. Ahí la historia del camarón no tiene límites, pero a nosotros nos basta con una y es la siguiente:

Al ser Nayarit un estado de mestizos, la gente tiene por costumbre hacer tres comidas al día, todas en presencia de la familia completa, pues los horarios de la población están generalizados y, pese al desarrollo de la intensa actividad pesquera, todo el mundo los respeta.

Se dice que desde la época prehispánica ya se comía el *caldo de camarón*, al cual llamaban *tlaxtihulli*, que era picante y espeso. Según la tradición de los grupos indígenas de la región, los miembros de la familia se sientan a comer formando un círculo y ponen al centro una gran cazuela con el caldo de camarón, y junto a ella una pila enorme de tortillas, de donde cada quien toma su porción. Este tipo de comidas ya casi no se estila salvo en contadas ocasiones, que son muy especiales, como por ejemplo en la fiesta de San Pedro y San Pablo, que son los patrones de la localidad. En otras partes de la costa las familias se reúnen en la playa y realizan su comida a la orilla del mar. Así, bajo la brisa, acompañándose de música guapachosa, alegre y bullanguera, el rítmico oleaje y la algarabía familiar, los habitantes de la playa se dan gusto al corazón y pueden saborear el sabroso *caldo de camarón*.

Camarones en frío

Camarones frescos	900 gramos
Aceite	¼ de litro
Cebollas grandes	4
Ajo	3 dientes
Vinagre	1/8 litro
Chiles jalapeños	1 lata
Jitomates grandes	3
Mostaza, sal y pimienta	

Los camarones frescos, salados, se enjuagan bien, para que se les quite la mayor parte de sal, quedándoles sólo la indispensable.

Se pone al fuego el aceite con una cebolla rebanada, y los dientes de ajo, se fríen ahí los camarones hasta que se esponjen. Se sacan y se extienden para que se enfríen; luego se cubren con la salsa preparada de la manera siguiente:

A la mitad del aceite se le agrega el vinagre y se sazona al gusto con mostaza, el jugo de la lata de chiles, sal y pimienta. Con esta salsa se cubren los camarones, que ya estarán fríos y en el platón. Se adornan con ruedas de cebolla que habrán puesto durante dos horas en jugo de limón y sal, con ruedas de jitomate sazonadas de sal y pimienta y rajitas de los chiles jalapeños.

Menudo de la frontera. Nuevo León

Es bueno comer menudo aunque sea muy a menudo

NUEVO LEÓN

A pesar de que Nuevo León es un estado altamente industrial, todavía se conservan en él algunas tradiciones, sobre todo en lo que a comida se refiere. De las más importantes son las relacionadas con la matanza de los animales, tales como "hacerle la fiesta al puerco", la "fritada" y el menudo de la frontera, del que ahora vamos a contar una entretenida historia.

No sólo las bodas ameritan grandes festejos, pues también las grandes fechas del año merecen comidas especiales. Se dice que hace mucho tiempo, para celebrar el primer día del año, se le ocurrió a un oriundo del estado preparar algo de comer que saliera de lo común; hay que recordar que por esas fechas se come pavo, cerdo, bacalao y demás delicias, casi todas secas, es decir, sin caldo. Y bueno, el señor del que hablamos era de buen comer y de excelente beber, así que como ustedes se pueden imaginar amanecía un poco debilitado; como dicen por ahí, "crudo". Él, al igual que muchos de sus amigos, en lugar de apetecer esa mañana el "recalentado" de la noche anterior, quería algo caldoso, e ideó un platillo que le permitiera hacer tierra y que además pudieran disfrutar todos por igual, amanecieran como amanecieran. Así que con carne de ternera, maíz, chiles anchos y jitomates preparó el "hechizo" que literalmente lo hacía revivir; de sabor tan maravilloso era el hechizo que terminó por instituirlo, al principio como parte del banquete postnavideño, pues no hay que olvidar que por esos lares se acostumbra el recalentado al día siguiente de la Nochebuena. Cuentan los que lo vieron que el famoso hechizo en verdad volvía a la vida y que se hacía muy seguido, es decir, muy a menudo. De ahí que los buenos catadores pidieran en sus casas un "*menudo*".

Menudo de la frontera

Callos o pancita	1½ kilogramos
Pata de ternera	1
Maíz cacahuacintle	500 gramos
Chiles anchos	2
Jitomates	2 grandes
Ajo	2 dientes
Sal y orégano	al gusto

Se prepara el maíz como para pozole, refregándolo y descabezándolo de la misma manera. Se pone a cocer con el menudo cortado en cuadritos y muy limpio, con la pata de ternera y una poca de sal. Los chiles anchos se desvenan y se ponen a remojar en agua caliente, se les quita la piel y se muelen junto con los ajos y con los jitomates pelados y sin semillas.

Unas dos horas antes de servirlo se agrega lo molido al menudo cocido con el maíz. Debe quedar muy suave. Se agrega más sal si la necesita y se sirve en platos hondos, espolvoreado con orégano seco y desmenuzado.

Tamal. Oaxaca

Las cuentas claras
y el chocolate caliente

OAXACA

Cuentan que en la época de Maximiliano y Carlota, emperadores de México allá por el año de 1864, la emperatriz Carlota, que era oriunda de Bélgica y muy arraigada a sus costumbres de princesa, necesitaba "tomar el té de las cinco", tal y como se estilaba y se acostumbra, aún ahora, en Europa. Cuentan que, como era de esperarse, trató de implantar esa moda aquí en México, nada más que en estas tierras de América no se daba la cosecha del té negro, que es la hierba con la que se preparaba y se prepara el famoso té inglés. Así que la princesa, ahora convertida en emperatriz, decidió adaptar de alguna manera la tradición, para lo cual citó a la naciente aristocracia mexicana a tomar "el té de las cinco". Ella, muy hábil y para estar *ad hoc* con las mujeres aristócratas mexicanas, hizo un pequeño cambio en la ceremonia; esto es, en lugar de dar de beber té, se las ingenió y sirvió en la reunión jarros de exquisito y delicioso *chocolate en agua*, bebida que se acostumbraba y se sigue acostumbrando en Oaxaca. Su sorpresa fue mayúscula cuando las delicadas damas no sólo no dieron muestra del menor asombro, sino por el contrario quedaron fascinadas por la ocurrencia de la emperatriz, y para dar cuenta de ello, acompañaron su *chocolate en agua* con las acostumbradas "pastas", que no eran otra cosa que unas deliciosas galletas, las cuales empezaron a mojar en la deliciosa bebida caliente; es decir, comenzaron a "sopear" el *chocolate en agua*. Por supuesto que Carlota no daba crédito; ella, tan fina y distinguida, se sintió morir. Sin embargo, como era una verdadera princesa, decidió seguirles la corriente, como vulgarmente se dice, y fue así como revivió y saboreó también el delicioso *chocolate en agua*, y dicen que a partir de entonces no volvió a tomar "el té de las cinco", sino que decidió instaurar "tardeadas de chocolate" que, por supuesto, también eran a las cinco. Como dato curioso, se dice que a ella le gustaban "las cuentas claras y el chocolate caliente".

Chocolate en agua

Chocolate	150 gramos
Agua	4 tazas

Se pone al fuego la mitad del agua en una olla de barro, y cuando suelta el hervor se agrega el chocolate; cuando empieza a espesar se agrega el agua restante. Una vez que ha soltado bien el hervor, se bate con el molinillo para que forme espuma, y se sirve.

Chocolate en leche

| Chocolate | 170 gramos |
| Leche | 4 tazas |

Se ponen la leche y el chocolate al fuego en una olla de barro, se deja hervir y que suba el primer hervor; luego se retira del fuego y se deja hervir de nuevo. (Esto se repite tres veces.) Se bate con el molinillo para que forme espuma y se sirve muy caliente.

Huevos en rabo de mestiza

Huevos	8
Jitomate molido	3 tazas
Cebolla picada	3 cucharadas
Chiles poblanos o cuaresmeños	2
Queso fresco	8 rebanadas
Aceite	6 cucharadas
Sal	al gusto

Se calienta el aceite friendo la cebolla. Cuando está transparente se agregan el jitomate molido y la sal. Se deja hervir, sazonando muy bien la salsa. Se ponen las rajas de chiles preparadas como se acostumbre. Ya para servirse, se ponen en la salsa las rebanadas de queso y se cascan los huevos con cuidado para que no se rompan. Se hierven unos minutos en la salsa a fuego muy bajo para que cuajen las claras; pero las yemas deben quedar suaves. Se sirven inmediatamente.

Mole de olla

Pollo	1
Carne de cerdo	500 gramos
Frijoles blancos (alubias)	250 gramos
Elotes	250 gramos
Calabacitas	250 gramos
Tomates verdes	500 gramos
Cebollas	1 grande
Cilantro picado	½ taza
Chiles verdes	al gusto
Hierba santa	1
Perejil picado	½ taza
Sal	al gusto

✔ *Chochoyotes:*

Masa	250 gramos
Manteca	100
Sal	al gusto

Los frijoles se ponen a cocer temprano, tirando la primera agua y volviendo a poner agua caliente con el pollo y la carne en trozos. A medio cocimiento se sazona con sal. Se licúan el tomate, el chile verde la cebolla y el cilantro. Cuando las carnes están casi cocidas, se agregan los elotes (sin hebras), las calabacitas y la salsa licuada.

Los chochoyotes se hacen formando bolitas con la masa mezclada con la manteca y bien sazonada con sal. A estas bolitas, que deben ser del tamaño de una nuez chica, con el dedo índice se les hace una depresión en el centro, sin que pase al otro lado, quedando como cazuelitas, que se agregan al guiso cuando está hirviendo, debiendo cocerse bien. El perejil y la hierba santa se agregan ya que se va a servir y fuera del fuego, porque si no, el guiso queda amarillo.

Mole negro

Pavo tierno	1
Chile mulato	500 gramos
Tomates verdes	250 gramos
Ajos	2 dientes
Cebolla	1 chica
Ajonjolí tostado	50 gramos
Clavo de olor molido	1/3 de cucharada
Canela molida	1/3 de cucharadita
Chocolate dulce	1 tablilla
Manteca	6 cucharadas
Sal	al gusto
Tortilla	una
Semillas de chile	25 gramos
Hojas de hierba santa	1
Hojas de aguacate	1

Un día antes se abren los chiles en crudo, quitando semillas y venas. Los chiles se tuestan hasta que tomen un color oscuro y se remojan en agua caliente, toda la noche. El pavo cortado en piezas chicas se pone a cocer para caldo. Los tomates, los ajos y la cebolla se fríen en una poca de grasa y se muelen. El ajonjolí tostado se muele por separado.

Los chiles se fríen hasta quedar chinitos, agregando los tomates, cebolla y ajo molidos, luego las especias y el ajonjolí. Cuando todo está bien frito se agregan el caldo, la sal, el chocolate rallado, y luego las piezas de pavo, dejando que hiervan un poco.

Las semillas de chile y la tortilla se tuestan hasta quedar quemadas, es decir, negras, y se deslíen en una poca de agua. Se agregan a la salsa junto con la hierba santa y la hoja de aguacate. Se deja hervir hasta que espese.

Quesadillas de queso oaxaqueño

Masa	250 gramos
Harina de maíz	50 gramos
Leche	½ taza
Queso de Oaxaca	300 gramos
Cebollas picadas	3
Epazote picado	1 rama
Sal	al gusto
Aceite	4 tazas

Se incorporan perfectamente la masa y la harina con la sal y la leche; se hacen tortillas chicas que se rellenan con un poco de queso deshebrado, cebolla y epazote. Se doblan como empanaditas y se fríen en el aceite hasta que estén doradas. Se sirven calientes con una salsa verde, o de jitomate.

Otros rellenos

✔ *Huitlacoche:*

En tres cucharadas de aceite se fríen dos cucharadas de cebolla picada, y un diente de ajo picado. Cuando la cebolla está transparente, se agregan tres tazas de huitlacoche, picado en crudo, epazote picado y sal. Se deja freír durante unos quince minutos.

✔ *Flor de calabaza:*

En dos cucharadas de aceite se fríen dos cucharadas de cebolla picada, agregando dos tazas de flores de calabaza cocidas con sal y picadas, y se sazona con epazote picado.

✔ *Chicharrón:*

Se muelen 300 gramos de chicharrón con un chile pasilla tostado y desmenuzado y una cucharada de epazote picado y sal.

✔ *Sesos:*

Se fríen tres cucharadas de cebolla picada, agregando una cucharada de harina, empastándola con una palita para que no se formen grumos. Cuando empieza a tomar un color dorado se agregan los sesos cocidos con una poca de sal y picados, un poco de epazote picado, y si se desea, chile al gusto.

Buñuelos

Cáscaras de tomate verde	20
Tequesquite	2 cucharaditas
Harina	½ kilogramo
Huevos	3
Azúcar	3 cucharadas
Manteca	½ kilogramo

✔ *Miel:*

Piloncillo	½ kilogramo
Canela	1 raja
Tejocotes	15

Se pone al fuego media taza de agua con el tequesquite y las cáscaras de tomate. Cuando suelta el hervor, se retira y se deja enfriar. Se cuela. Se bate ligeramente el huevo y se mezcla con la harina y el azúcar; se va añadiendo el agua de tequesquite, para que quede una masa suave que se amasa sobre la mesa hasta que se desprenda de la misma con facilidad.

Se deja reposar untada de manteca. A las tres horas se hacen bolitas con la masa y se estiran sobre una servilleta que se pone sobre la rodilla; se fríen en suficiente manteca muy caliente, uno a uno, y al servirlos se les vierte la miel encima.

✔ *Manera de hacer la miel:*

Se pone al fuego un litro de agua con el piloncillo, la canela y los tejocotes. Se deja hervir hasta que los tejocotes se suavicen un poco. Se cuela y se sirve caliente.

¿Estás enojada?
Haz chiles en nogada

PUEBLA

La cocina poblana, además de ser imaginativa, exigente y golosa, es de complicada elaboración. Así tenemos el caso de los chiles en nogada, los cuales tienen un origen muy especial.

Se dice que en el siglo XIX, cuando en México se vivía bajo el imperio de Agustín de Iturbide, el general trigarante era fanático de este singular y complicado guiso, cuya mezcla de sabores dulce y salado lo hacía enloquecer. Cuentan que no sólo por la carnosa pulpa de los chiles poblanos, que son de por sí un lujo, sino porque además, al pasar él por Puebla con su ejército trigarante, vio los *chiles en nogada*, los cuales llamaron su atención por la vistosidad que los caracteriza e inmediatamente los asoció con su ejército. Pues la nogada es blanca como la nieve y es símbolo de pureza; los chiles son verdes como verde es la esperanza, y al estar salpicados de granos de roja granada, se ve simbolizada en el rojo la pasión por la patria.

Dicen que al probar Iturbide los deliciosos *Chiles en nogada*, los devoró todos e hizo que le prepararan más; sin embargo, un sorpresivo ataque impidió que siguiera degustando la delicia culinaria poblana. Tiempo después, ya en la ciudad de México, mandó traer a la cocinera poblana que le había preparado el riquísimo platillo, pero ésta había muerto, no sin antes confiar el secreto de la receta a su única hija que, para desgracia del emperador, era muda y analfabeta, por lo cual no pudo complacer el exigente gusto de Iturbide y éste tuvo que conformarse y disfrutar de otro singular guiso poblano: *mole rojo*. Ni modo, así es la vida; no cabe duda que los *chiles en nogada* son privilegio de reyes.

Rompope

Leche	1½ litros
Yemas	30
Canela	1 raja
Clavos	30
Azúcar	700 gramos
Nuez moscada	1 cucharadita
Alcohol	al gusto

Se pone a hervir la leche con los clavos, la nuez moscada rallada y la canela en trozos; cuando dé el primer hervor se le añade el azúcar, y sin moverlo se retira del fuego.

Cuando empieza a enfriarse se mueve para desbaratar el azúcar, se baten las yemas de huevo a punto de cordón, y cuando la leche está completamente fría se cuela y se mezclan las yemas. Se vacía todo en una sartén grande y se añade el alcohol poco a poco, batiendo vigorosamente. Con ayuda de una taza se levanta hacia arriba y se deja que baje la espuma. Al enfriarse y se embotella.

Chalupas poblanas

Tortillas	24
Lomo de cerdo hervido y deshebrado	400 gramos
Queso añejo rallado	100 gramos
Chiles pasilla	3
Tomates verdes	3/4 kilo
Cebolla picada	1
Ajos picados	2 dientes
Aceite o manteca	400 gramos
Sal	

En un poco de aceite se fríen la cebolla y los ajos, se añaden los chiles (asados, desvenados y molidos), los tomates (asados y molidos), y la sal, y se deja hervir hasta que tome punto de salsa. En un platón se colocan las tortillas y se bañan con la salsa caliente, agregándoles el lomo y el queso por encima.

Chiles en nogada

Chiles poblanos	12
Carne de cerdo molida	¼ de kilogramo

Carne de res molida	¼ de kilogramo
Pasitas	50 gramos
Almendras tostadas y picadas	50 gramos
Granadas rojas, desgranadas	2
Huevos	6
Nueces de castilla peladas y molidas	50 gramos
Queso fresco	¼ de kilogramo
Crema fresca	¼ de litro
Ajo	1 diente
Cebolla picada	1 mitad
Plátano macho	1
Perejil picado	1 ramita
Manteca o aceite	500 gramos
Sal y pimienta	al gusto
Harina	100 gramos

Los chiles se tuestan y pelan; se les abre un lado para poderlos rellenar. En una cacerola se pone una cucharada de manteca y ya que está caliente se acitronan la cebolla y el ajo, luego se añaden la carne, el plátano finamente picado, las pasas, las almendras, el perejil, la sal y la pimienta. Se fríe todo y ya que está cocida la carne, se van rellenando los chiles. Se baten las claras a punto de turrón y luego se añaden las yemas y se incorporan. Los chiles se pasan por la harina, después se meten en el huevo y se fríen en el aceite muy caliente a fuego bajo para que se doren parejos por los dos lados y se van acomodando en un platón de loza refractaria, que se mantendrá caliente en el vapor de una cacerola. Al momento de servirse se cubren con la salsa fría.

Las nueces se van poniendo en agua fría para que no se pongan negras, se muelen con el queso y la crema y se sazona todo con sal y pimienta, a que quede una salsa bastante espesa.

Con esta salsa se cubren los chiles ya fuera de la lumbre y se adornan con los granitos de granada y unas ramitas de perejil. Se pueden servir fríos o calientes.

Chiles en nogada con queso

Se hacen igual que los chiles en nogada, pero se rellenan con queso fresco.

Chileatole

Pollo tierno	1
Pechuga	1
Elotes tiernos	6
Masa	2 cucharadas
Chile ancho	1
Piloncillo	1 trocito
Cebolla mediana	1
Manteca	2 cucharadas
Epazote	1 ramita
Sal	al gusto

El pollo, cortado en piezas, se lava y se pone a cocer. A medio cocimiento se agregan la sal y la cebolla. Cuando ya casi está cocido se agregan el chile remojado y molido, el epazote, el elote desgranado y la manteca sin freír; se deja hervir un rato y, por último, se coloca un trocito de piloncillo como del tamaño de una nuez, y la masa desleída en una poquita de agua. Se sirve muy caliente en platos hondos, poniendo en cada uno una pieza de pollo con su respectivo elote y caldo.

Enchiladas poblanas

Tortillas	20
Pechugas de gallina	2
Ajonjolí	50 gramos
Lechuga	1
Manojo de rabanitos	1
Mole poblano	½ litro

Se ponen a cocer las pechugas y se deshebran; las tortillas se fríen ligeramente en manteca y se revuelcan en el mole para rellenarse con la carne deshebrada. Se enrollan y se cubren con mole, y encima se les pone ajonjolí. Se adornan con lechuga y rabanitos.

Garnachas de Puebla

Masa para tortillas	½ kilogramo
Jitomate	400 gramos

Aguacates	2 grandes
Cebolla picada	1 cucharada
Cilantro picado	1 cucharada
Queso añejo	100 gramos
Aceite de oliva	1 cucharada
Chipotles curados picados	3
Manteca o aceite	300 gramos
Sal	

A la masa se le pone sal y un poquito de agua. Los sopes se hacen aproximadamente de 7 cm. de diámetro y 1 de altura; inmediatamente que salen del comal se pellizcan alrededor, a manera de formar una cazuelita. Ya para servirse, se fríen en la manteca e inmediatamente se les ponen encima el guacamole y el queso desmoronado.

Guacamole: El jitomate bien limpio se pica finamente, se mezcla con la cebolla, cilantro, chipotles y aguacates también picados, y se sazona con sal y una cucharada de aceite.

Mole poblano

Pavo tierno	1
Chiles mulatos	15
Chiles anchos	8
Chiles pasilla	2
Chipotle	1
Jitomates	3 grandes
Ajonjolí tostado	3 cucharadas

Almendras	50 gramos
Pasas	50 gramos
Ajo	2 dientes
Pan blanco frito	½ pieza
Pimienta molida	1 pizca
Clavos molidos	1 pizca
Tortilla quemada	1
Cebolla frita	1
Azúcar	1 cucharadita
Chocolate	¼ de tablilla
Manteca	1 taza
Sal	al gusto

Un día antes de hacer el mole se tuestan todos los chiles excepto el chipotle, se les quitan las semillas, se desvenan y se remojan en agua de sal toda la noche. Al día siguiente los chiles anchos, mulato y pasilla, se escurren y se muelen con 2 cucharaditas de ajonjolí, especias, pan, media cebolla, tortilla y un ajo. Los jitomates se asan, se les quita la piel y se muelen con el chipotle.

El pavo se flamea y lava muy bien cortándolo en piezas.

Las menudencias se ponen a cocer con media cebolla, perejil, un ajo y sal para obtener caldo. El resto de las piezas se fríen, de preferencia en cazuela grande. Cuando están bien fritas se agregan el jitomate y el chipotle. Cuando empieza a secarse se le pone caldo y cuando vuelve a secar se agregan el chile molido con lo demás. Se deja freír un rato y se agrega caldo y sal, dejando que hierva hasta que el pavo esté suave, agregando más caldo si se necesita. Se añaden el chocolate y el azúcar y se deja hervir un poco más. Para servirse se pone el resto del ajonjolí tostado encima del mole.

Chiles en nogada. Puebla

Sopa de aguacate. Querétaro

Agua pasa por mi casa, cate de mi corazón

QUERÉTARO

Si es usted de las personas a las que casi todo, o todo, les da coraje, es mejor que ni lea lo que sigue. Sí, pues resulta que por allá por el rumbo del centro de la República, para ser precisos en Querétaro, dicen que sucedió una cosa bien chistosa, que según dan fe ocurrió hace muchos años...

Cuentan que eran dos hermanas, de esas que les dicen "quedadas". Una muy parlanchina y amiguera; la otra, más bien huraña; ambas vivían en la casa que les habían dejado sus padres, que era bastante grande: un amplio jardín, árboles y algunas aves de corral. Los primeros años que se quedaron solas, iban juntas a todos lados; no obstante, un buen día las cosas empezaron a cambiar y la hermana más grande decidió salir y hacer sus cosas ella sola. Sí, decidió no andar para todos lados con su hermana menor, que era la del mal genio.

Lucha, que era la menor, por todo rezongaba, nada le parecía, y en ese pueblo casi todo mundo la

miraba con miedo; en cambio a Magui todo el pueblo la saludaba. Es preciso decir que ella era la en-
cargada de hacer las compras para la despensa, pues
Lucha siempre se peleaba; por eso Lucha cocinaba
y permanecía casi todo el tiempo dentro de la casa.
Un día Magui no pudo salir a hacer las compras, pues
sufría un terrible catarro, y le pidió de favor a su
hermana que fuese a comprar la despensa; por supuesto
que ésta, con su mal carácter, dijo que no, que ella no
era la sirvienta, y no salió de su recámara. Magui,
que de verdad estaba enferma, necesitaba comer algo,
cualquier cosa, para reponer las fuerzas, pero como
no había podido ir de compras, no tenía más que las
pocas verduras que en el huerto familiar se daban;
y fue así como se le ocurrió preparar una deliciosa
sopa de aguacate. Sobra decir que Lucha, al oler la
sopa, que además tenía muy buen ver, decidió salir
de su cuarto y sentarse a la mesa para compartir con
su hermana la exquisita olla de sopa de aguacate.
Sobra decir que empezó a comérsela refunfuñando,
tal y como era su costumbre; pero el olor y la cremosidad
del plato no le permitieron sino hacer las paces con
la mesa.

Sin embargo, como todo le daba coraje, el aguacate al entrar en contacto con el organismo, le provocó
indigestión, y fue ella la que terminó por ser atendi-
da por su hermana mayor, que por cierto tenía mucha suerte para encontrar los remedios caseros y así
pudo ayudarla. Se sabe que a partir de entonces
Lucha cambió de carácter, todo por no privarse de
comer la deliciosa sopa de aguacate.

Sopa de aguacate

Aguacates grandes	5
Cebolla picada	1 cucharada
Jugo de limón	1 cucharadita
Chile poblano ya preparado	1
Vino blanco	¼ de taza
Pimientos morrones chicos de lata	2
Sal y pimienta	al gusto
Caldo de pollo	2 litros

Los aguacates se pelan, quitando el hueso; la pulpa se muele en la licuadora junto con el chile, jugo de limón, vino, los pimientos morrones, cebolla, sal y pimienta.

Se prepara un caldo de pollo o consomé. Ya para servir, se agrega el puré de aguacate al caldo meneándolo hasta que se mezclen bien e inmediatamente se sirve. 🙙🙘

Ensaladas

Papatzules, mi niño Teto

QUINTANA ROO

Doña Emma era una mujer fuerte que trabajaba desde el despunte del sol y hasta que se escondía la última estrella, allá en el Mar Caribe, allá en Quintana Roo. Tenía dos hijos a los cuales sacar adelante, pues se había quedado viuda con sus dos niños muy pequeños. Cierto día, al no tener suficiente dinero para comer y además en vísperas del cumpleaños del mayorcito —Teto, como cariñosamente le decía— sintió que la necesidad la obligaba a ingeniárselas para poder celebrar el cumpleaños de su hijo, quien además había terminado la primaria y con muy buenas calificaciones. Aunque Doña Emma no tenía en casa más que tortillas, huevos, semillas de calabaza, chiles, jitomate y cebolla, lo que le sobraba era ingenio y ganas de hacer feliz a su hijo, así que puso manos a la obra e inventó los deliciosos papatzules, convirtiendo las tortillas que tenía en un verdadero manjar que dio origen a este tradicional y riquísimo platillo. Fue tan grande el éxito que tuvo

Doña Emma entre las personas que ahí se habían reunido, que después se dedicó ya no a la costura, como lo había venido haciendo, sino a la preparación de las tortillas más ricas y nutritivas de la región. Así, Teto pudo seguir estudiando, doña Emma dejar la costura y Miguelito, el más pequeño, tener un mejor futuro, todo gracias a los deliciosos papatzules, que actualmente son un platillo típico de la costa de Quintana Roo.

Papatzul

Jitomate	500 gramos
Semillas de calabaza peladas	250 gramos
Tortillas chicas	30
Huevos	10
Chiles serranos	3
Epazote	2 hojas
Cebolla	1 chica
Aceite o manteca	200 gramos
Sal y pimienta	al gusto

Se ponen a cocer los huevos, y se pican sazonándolos con sal y pimienta. Se tuestan las semillas y se muelen con los chiles, amasándolos luego con un poco de agua caliente y se exprimen; al hacerlo, sale grasa verde de la pepita. Esta grasa se guarda. A la pasta que queda se le añade un poco más de medio litro de agua caliente y se pone a fuego bajo, pero sin dejar que hierva. Los jitomates se pelan y se muelen con la cebolla y el epazote y se fríe todo sazonando con sal. Se remojan las tortillas en la salsa de pepitas, se rellenan con los huevos y se enrollan, se colocan en un platón y se cubren con la pepita de calabaza, la salsa de jitomate y la grasa que salió de la pepita, y se sirven.

Mojarra. Tamaulipas

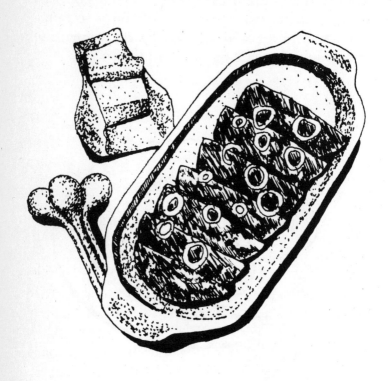

Enfrijoladas. San Luis Potosí

De maíz, frijol y nopal, pues no está nada mal

SAN LUIS POTOSÍ

Este estado es muy especial en lo que a su alimentación se refiere, será tal vez por las características de su zona geográfica; lo cierto es que sus habitantes no se alimentan nada mal. Por ejemplo: entre la población mestiza, a lo largo del día se hace el desayuno entre las siete y las ocho de la mañana; la comida, cuando el reloj marca las 12 del día; la merienda, cerca de las cinco de la tarde, y la cena entre nueve y diez de la noche. Con este régimen, quién puede negar que los potosinos se alimentan bien.

El desayuno consiste básicamente en alguna bebida caliente —café solo o con leche, atole de coyol, atole de fresa o atole champurrado —y pan marquesote o torrejas, aunque cada vez es más común que se incorporen ya sea huevos o enfrijoladas en compañía de tortillas o de pan blanco. Sobre las enfrijoladas hay una tradición en este estado que es digna de mencionarse:

Todos los días, a eso de las cinco o seis de la mañana, el jefe de familia enciende el horno de mampostería, que es muy común que se encuentre en el centro del patio de la casa; en tanto, su esposa prepara la masa con la que se han de hacer las tortillas que más tarde se remojarán en el delicioso frijol, previamente remojado toda una noche. Cuando esto se ha realizado, marido y mujer se instalan frente al horno, y al tiempo que ella va haciendo las tortillas, él las va metiendo al horno por medio de una larga pala de panadero, vigilando su rápida cocción. Una vez que salen del horno, otro miembro de la familia les quita la ceniza, las apila y las guarda en un enorme canasto; de allí se irán tomando para, más tarde, despachar a los compradores de enfrijoladas que van llegando apenas terminadas de echar las tortillas y que desfilan casi toda la mañana. El verdadero secreto de las enfrijoladas del barrio El Saucito, es que las tortillas con que se hacen son de masa de maíz martajado, mezclada con un poco de manteca y sal. También es costumbre acompañarlas con una deliciosa ensalada de nopalitos, que por el rumbo se dan muchísimo. Además, este solo platillo hace una comida completa, pues es sana, económica y muy nutritiva.

Café de hueso

Menudo	450 gramos
Patas de carnero	3
Cebollas	2

Manteca	2 cucharadas
Zanahorias	2
Garbanzos	1 taza
Chiles anchos	6
Ajo	3 dientes
Limones	2
Chile piquín en polvo	1 cucharadita
Cominos	4
Pan	1 pedazo pequeño

El menudo, limpio y cortado en cuadritos, se pone a cocer con las patas deshuesadas, sal y los cominos. Los chiles se asan en el comal, se desvenan, se muelen con los ajos, sal y el pan, que se habrá frito en la manteca. Todo esto molido se fríe bien, se agregan los garbanzos cocidos y sin pellejos, las zanahorias cocidas y picadas, el menudo y el caldo en que se coció.

Se sazona y se deja hervir hasta que quede aguado. Se sirve con cebolla cruda y limón, espolvoréandose con el chile piquín.

Tacos y quesadillas.

Robalo, el caldo, róbalo

SINALOA

Los hermosos y amplios litorales de Sinaloa han sido un factor muy importante en el desarrollo de una intensa actividad pesquera, que ha enriquecido la alimentación de los habitantes del estado. A diferencia de los que sucede en otras regiones del país, en Sinaloa es muy significativo el consumo de mariscos y pescados, de los que hay una infinidad de especies, como pargo, lisa, guachinango, marlín, bagre, corvina, peces sierra, espada y vela, además del delicioso robalo, del cual se hace el riquísimo caldo de robalo.

La *sopa de caguama* es uno de los platillos que más consumen las familias que habitan la costa sinaloense. También es importante destacar que en las cercanías de Mazatlán, con productos extraídos del mar se elaboran deliciosos platillos en escabeche o a la diabla. Como la producción pesquera es muy abundante, también se hace común que los productos del mar se salen y así se garantice su buen estado por largos periodos.

Sinaloa es una de las entidades con más desarrollo agrícola, y de ahí que los sinaloenses sean unos de los principales productores nacionales de tomate, arroz, cártamo, sandía, melón, berenjena, trigo, sorgo y soja, materias primas que por supuesto aprovechan al máximo y que hacen posibles las delicias del arte culinario sinaloense, tan suficiente y variado como para no repetir platillo cuando menos en seis meses, según cuentan los oriundos, cosa que se había de probar y comprobar. En tanto, aquí hay para varios gustos. ¿Qué tal una suculenta sopa de caguama o el tradicional y aromático *caldo de robalo?*

Sopa de caguama

Aceite	3 cucharadas
Cebolla picada	3 cucharadas
Jitomate picado	2
Chiles poblanos	2
Elote amarillo en grano	½ lata
Zanahorias	2
Ejotes cocidos	150 gramos
Papas peladas y cortadas en cuadros	2
Carne de caguama	500 gramos
Caldo de caguama	2 litros
Orégano	al gusto
Sal y pimienta	al gusto

Se calienta el aceite y se fríen las papas en crudo, luego la cebolla, y cuando está acitronada se agregan el chile en rajas y el jitomate picado. Cuando está bien frito se vierte el caldo con los trocitos de caguama, sal, pimienta y las verduras cocidas y el elote tal como viene en la lata. Se deja hervir hasta que las papas estén cocidas y se sirve caliente, espolvoreada con orégano al gusto. *88*

Tamales. Sonora

La pancita que aquí ves, es de queso y no de res

SONORA

Actualmente, la cocina sonorense cuenta con varios guisos en los que se han unido elementos de la tradición hispánica con los propios de la indígena. Aunque también, sobre todo en la zona fronteriza, hay cierta influencia de la cocina estadunidense. Es muy importante destacar que, debido a su gran variedad de climas y recursos naturales, este estado posee una cocina regional muy particular, pues el hecho de que Sonora cuente con valles, desiertos, sierras, ríos y litorales ha propiciado que sus habitantes se las ingenien y obtengan de todo ello los elementos necesarios para desarrollar su vida diaria, en la que, por supuesto, la comida es fundamental.

A la gran mayoría le parecerá extraño lo que cuentan, pero que está documentado por el jesuita Ignacio Pfefferkon, quien vivió por el siglo XVIII y quien, además, da una hipótesis para explicar la longevidad de los habitantes de esta región. Veamos:

"Las ratas se asan poniéndolas sobre las brasas… no les quitan los de 'adentros' y tampoco lo hacen con los caballos, burros, bueyes y otros animales; se comen los intestinos sólo calentándolos un poco sobre las cenizas calientes; no pierden tiempo en lavarlos y limpiarlos; quedan listos para su paladar solamente sacudiéndoles y quitando la buñiga con un palo…" Asimismo, el historiador califica a Sonora como una región bendita, pues no se desperdicia nada y la fertilidad de sus tierras hace posible que se dé cualquier tipo de vegetación.

Como dato curioso, se puede decir que en este estado se originaron las famosísimas *quesadillas de queso*. Sí, son oriundas de la región de Cananea, de ahí de por el río Sonora. Lo mismo sucede con la clásica *pancita de res*, que tuvo su origen en las poblaciones de Nogales, Sonoyta y San Luis Río Colorado.

Machaca con huevo

Carne deshebrada en polvo	1/2 kilo
Huevos batidos	8
Cebolla picada	1 chica
Consomé	1 cucharadita
Jitomate picado	1/4 de kilo
Aceite	el necesario

Se remoja la carne en agua hasta que quede una pasta consistente. En una cacerola se pone la cebolla hasta que se acitrone; se le agrega el jitomate a que quede bien frito y se le vacía la carne. Se le aña-de el consomé moviéndolo constantemente y se agregan los huevos que han sido batidos previamente.

Se sigue revolviendo hasta que esté bien cocido.

Se puede acompañar con salsa verde, roja o guacamole.

Salsas. Tabasco

Ven, ven, ven, vamos a Tabasco que es un edén

TABASCO

De que Tabasco es un edén nadie duda, cuando menos todos aquellos que han estado alguna vez en tan hermoso lugar. Sí, resulta que Tabasco, además de la exuberancia de su naturaleza, tiene muchas costumbres alimenticias que son de origen meramente casual, como es el caso de los *plátanos rellenos*, receta que data de tiempos inmemoriales y que ahora, los chontales preparan. De su origen sabemos que el clima cálido y húmedo de la zona propicia que los frutos se den al por mayor, destacando entre éstos el plátano, que por esos lugares es llamado cariñosamente "guineo".

Un día, una mujer estaba sentada a la sombra de un platanar y miraba plácidamente la belleza de lo verde a su alrededor. Atraída por la pródiga naturaleza de repente sintió hambre; estaba ansiosa de comer algo rico y delicioso, algo que le quitara el hambre y le hiciera olvidar sus penurias económicas. Caminó hasta su humilde casa y buscó algo con que pudiera saciar su antojo, pero no encontró más que masa, harina y unos hermosos plátanos. Su apetito era tal que juntó todos esos ingredientes y formó una pasta que decidió freír, no sin antes rellenarla de alguna quedancia que había por ahí. Su sorpresa fue mayúscula al probar su experimento, pues había descubierto una verdadera delicia, de la que convidó a sus vecinos; era tal la abundancia, que tuvo para dar y regalar. Más tarde, no habría podido menos que exclamar: "Tabasco es un edén".

Plátanos rellenos

Masa	250 gramos
Aceite	
Plátanos	2
Picadillo o queso	
Harina	100 gramos
Sal	al gusto
Azúcar	

Los plátanos se asan, se muelen y se mezclan con los demás ingredientes, debiendo quedar una masita con la que se puedan formar tortillas pequeñas, que se rellenan con picadillo o con queso desmoronado y mezclado con una poca de azúcar. Se enrollan como taquitos, adelgazando las puntas en forma de puro.

Se fríen en aceite.

El pávido návido

TAMAULIPAS

En Tamaulipas la historia de la comida es un verdadero mosaico de curiosidades, las cuales van de lo chusco y ordinario a lo exótico y exquisito. La siguiente es una historia que, además de divertida, deja muchas enseñanzas, amén de ser un caso real, sucedido en el norte del estado.

Cuentan que un hombre robusto y de gustos muy exigentes, acostumbraba pasearse por toda la ciudad con gran donaire y alta frivolidad. A todo mundo veía menos; nadie era lo suficientemente correcto como para poder dirigirle la palabra. El tipo decía que para ser amigo de él se necesitaba tener harto dinero, buen caballo pa' montar, buenas piernas pa' correr y mucha gracia pa' bailar, pues, como es sabido, en el norte se baila al compás del redobe (tambor pequeño). Así pues, Rodrigo, que era el nombre de este ilustre caballero a quien apodaban El Pávido Návido, se paseaba a sus anchas por todo el territorio, menospreciando a todo aquel que no tuviera las características que él exigía, hasta que un buen día tuvo la fortuna de encontrar en su camino los ojos más bellos que hubiera visto nunca, empotrados en el rostro de una morena, de los cuales inmediatamente se enamoró. Ella era, como quien dice, la horma de su zapato, y como tal no le correspondió a las primeras de cambio, sino que Rodrigo tuvo que invertir mucho dinero y mucho tiempo para poder conquistar a Magdalena, que era como se llamaba esta hermosa mujer.

Magdalena era de esas mujeres caprichosas y Rodrigo era de esos tipos empecinados. Ambos harían del norte del estado una leyenda, pues Rodrigo gastó toda su fortuna, que no era poca, en regalos vanos que Magdalena despreciaba, y cuanto más despreciado era, más enamorado se sentía. Pasó cosa de dos años y la fortuna de Rodrigo se vio mermada, a tal grado que un día ya no tuvo el suficiente dinero para ir a comprar víveres ni para pagar a sus sirvientes, y tuvo la necesidad de cocinar e inventar un platillo para poder saciar su hambre, así que se puso a cocinar una *sopa de yuca*. Ésta despedía un aroma tan agradable, que hizo que Magdalena, que casualmente pasaba por ahí, quedara fascinada ante él, y de esta forma se pudo realizar el añorado idilio esperado por todos los vecinos de la región. Desde entonces la sopa de yuca es el platillo más popular en el estado de Tamaulipas y, gracias al Pávido Návido.

Sopa de yuca

Pétalos de yuca	2 tazas
Jitomate	1 grande
Cebolla picada	3 cucharadas
Ajos	2 dientes
Chile poblano	1 grande
Aceite	3 cucharadas
Azúcar	1 cucharadita
Caldo	2 litros
Chicharitos	150 gramos
Tortillas fritas	al gusto
Sal y pimienta	al gusto

A los pétalos de yuca se les quita el corazón o centro, y se ponen a cocer con una poca de sal. Los jitomates se pelan, se les quitan las semillas y se pican. El chile poblano se asa, se desvena y se desflema en agua caliente con sal, cortándolo después en cuadritos.

Se calienta el aceite y se fríen la cebolla y el ajo; cuando la cebolla está transparente se agregan el chile y después el jitomate, dejando que se fría todo muy bien. Se vierte encima el caldo, sal, pimienta y azúcar, y cuando ha hervido unos minutos se ponen los pétalos y los chícharos.

En cada plato de sopa se sirven los cuadritos de tortilla frita.

Mole verde. Tlaxcala

"La culpa es de los tlaxcaltecas"

TLAXCALA

De todos es conocido el adagio que dice: "La culpa es de los tlaxcaltecas", por aquello de la alianza de éstos con los españoles para derrotar a los aztecas. De cualquier manera, el hecho sucedió hace muchos años, época a la que se remonta el origen de esta sencilla receta; si usted la prepara, también le puede echar la culpa a los tlaxcaltecas, pues es un platillo típico de Tlaxcala.

Bien a bien no se sabe cómo fue que empezó la tradición del llamado *mole verde Tlaxcala*; en lo que sí se coincide es en que todos, absolutamente todos los ingredientes con los que se prepara esta delicia de mole, son de color verde, así que a probarlo, porque el verde es vida, según cuentan los tlaxcaltecas.

La tradición empieza con la época de sequía que se dio hace mucho tiempo. Entonces, según dicen, ninguna verdura maduraba, toda estaba verde; los animales, a punto de morir, eran sacrificados en aras de la alimentación. Por eso, no habiendo otros elementos de qué echar mano, el ingenio pudo más que el hambre, pues bien se sabe que ésta es cruel, pero lo es más el que la aguanta; y si se ha de comer, pues que sea de la manera más deliciosa, que después de todo a eso no le ganan a ningún mexicano.

Cuentan que tras mucho batallar para que la comida tuviera un aspecto y un sabor agradables, un grupo de mujeres decidió experimentar con las verduras verdes, pero bien cocidas, y como entre todas ellas habían criado un cerdo, lo sacrificaron. Hay que recordar que también se dice que la carne de puerco es deliciosa, se prepare como se prepare. Así las cosas, las mujeres pusieron manos a la obra y prepararon el guiso, al cual llamaron *mole verde Tlaxcala*, y tal fue el gusto que provocó en sus casas que las familias enteras daban gritos de felicidad. Dicen que gracias a esa euforia, empezó a llover, y así terminó la sequía, aunque lo que no terminó fue la tradición de preparar el *mole verde Tlaxcala*.

Frijoles estilo Tlaxcala

Frijoles nuevos	½ kilogramo
Calabacitas	½ kilogramo
Cola de cerdo	1
Chiles cuaresmeños	6
Queso fresco	½ pieza
Epazote	1 ramita
Cebolla	1
Sal	

Los frijoles se ponen a cocer con la cebolla y la cola partida en trozos; cuando ya están casi cocidos, se les pone la sal, el epazote, las calabacitas partidas en tiras y los chiles (desvenados, asados, pelados y rellenos con queso, atados con una hilaza).

Se dejan hervir los chiles hasta que los frijoles estén cocidos; se les quita la hilaza y se sirven calientes, junto con los frijoles.

Mixiotes

Carne de carnero	1 kilogramo
Chile guajillo	150 gramos
Ajos	3 dientes
Cominos	al gusto
Clavos de olor	1
Pimienta y sal	al gusto
Vinagre	1 cucharadita
Manteca	½ taza
Hojas de mixiote	12

Se cuecen los chiles guajillos y se muelen con los ajos, los cominos, el clavo de olor, la pimienta y la sal. Se lava la carne y se pone un rato en vinagre, se enchila dejándola unas dos o tres horas para que se impregne de este adobo y después se envuelve en las hojas de mixiote en porciones regulares, con una cucharada de manteca. Se ponen a cocer en una vaporera para tamales o en la olla express. Puede usarse también pollo o pavo.

Mole verde Tlaxcala

Tomates verdes	500 gramos
Lomo de cerdo	500 gramos
Chícharos cocidos	¼ de kilogramo
Habas verdes cocidas	¼ de kilogramo
Calabacitas cocidas	¼ de kilogramo
Ajo	2 dientes
Cebolla	1 mitad
Chiles verdes serranos	6
Cilantro	1 rama
Epazote	4 hojas
Manteca	50 gramos
Sal	

Los tomates limpios se muelen en crudo con la cebolla, el ajo, los chiles verdes, el cilantro, y el epazote; todo se fríe en la manteca bien caliente; después se agregan el caldo en que se coció el lomo, el lomo partido, los chícharos, las habas y calabacitas (éstas partidas en tiras); todo estará previamente cocido. Se sazona con sal y se deja hervir a fuego bajo. 🖎

Veracruz no sólo es bello, sino... delicioso

VERACRUZ

La historia dice que con la llegada de la primera expedición española a las costas de Veracruz, allá por 1518, un marinero español llamado Juan de Grijalba hizo posible que los diferentes grupos étnicos hayan formado un delicioso mosaico gastronómico, el cual ha llegado hasta nuestros días y es por demás muy variado. Entre todos esos platillos sobresale el clásico *Pescado a la veracruzana*.

Si bien es cierto que muchas de las costumbres de la época prehispánica se han perdido, Veracruz es uno de los estados que han sabido mantener el gusto culinario de los antiguos pobladores de la región, y para muestra basta con el sinigual *Pescado a la veracruzana*. Cuentan que Juan de Grijalba quedó fascinado, al mirar la gran variedad de formas en que los lugareños preparaban las delicias que les propiciaba el mar.

Grijalba observó con mucho cuidado el delicioso rito de comer pescado. Era increíble; sus ojos no daban crédito al descubrir que los veracruzanos no tenían miedo de comerse alguna espina; degustaban el pescado con mucha confianza, e incluso los niños no sufrían accidente alguno.

Ante los hechos, su curiosidad no pudo más y preguntó al patriarca de la región el secreto; éste le respondió que consistía en el tipo de pescado, la manera de cocerse y, lo más importante: en tener hambre. Así, Juan Grijalba aprendió que la mejor escuela es la necesidad. Dicho sea de paso, Veracruz no sólo es bello, sino delicioso.

Tamales veracruzanos

Elotes de tamaño regular	25
Manteca de cerdo	300 gramos
Leche	1 taza
Jitomate	½ kilogramo
Chile ancho	75 gramos
Chiles cuaresmeños	2
Carne de cerdo	½ kilogramo
Ajos	3 dientes
Sal	1 cucharada
Levadura	1 cucharada
Epazote	1 ramita

Los elotes se deshojan con cuidado, para utilizar las hojas como envoltura. Se desgranan y se muelen con una poca de leche; se les mezclan la manteca fundida, la levadura y la sal, incorporándolo todo, rápidamente y sin batir, para evitar que la masa tome sabor amargo. Después de lavadas y escurridas las hojas, se acomodan de dos en dos, se les ponen dos cucharadas bien llenas de masa, un trozo de carne con mole y una hoja de epazote, se envuelven y se ponen a cocer al vapor.

Mole: Los chiles anchos se desvenan, se asan ligeramente, se muelen con los dientes de ajo y se fríen en manteca, se mezclan con los cuaresmeños ya fritos; en seguida se sazonan y si es necesario se le agrega un poco de caldo de cerdo.

Frijoles a la veracruzana

Frijoles negros	½ kilogramo
Tortillas	3
Queso añejo rallado	50 gramos
Chiles serranos	al gusto
Epazote	1 ramita
Manteca	75 gramos
Cebolla	1 chica

Se ponen a cocer los frijoles en tres litros de agua con el epazote, la cebolla y la sal; ya cocidos se muelen y se mezclan con los chiles que se habrán frito y picado finamente. En seguida se fríen en la manteca hasta que quedan "chinitos"; se forma un rollo y se adorna con triangulitos de tortillas fritas y con el queso rallado.

Lomo de cerdo veracruzano

Lomo de cerdo	3/4 de kilogramo
Chile mulato	100 gramos
Jugo de naranja	1 taza
Cebolla	1 chica
Ajo	2 dientes
Aceite o manteca	2 cucharadas

Los chiles se desvenan, se ponen a remojar en agua caliente, y se muelen con el ajo y la naranja. En un molde de loza refractaria, engrasado con manteca o aceite se pone una capa de chile; después se pone el lomo untado con un poco de aceite; se baña con el resto del chile y encima se adorna con rebanadas de cebolla. Se cubre con papel aluminio y se mete al horno a 300°C por espacio de hora y media. Transcurrida una hora, se destapa, se baña con la salsa y se deja destapado en el horno hasta que se sienta cocido.

Panuchos de Veracruz

Masa	500 gramos
Robalo blanco	500 gramos
Aceite	3 cucharadas
Jitomates	2
Cebolla picada	2 cucharadas
Ajo picado	2 dientes
Perejil picado	2 cucharadas
Frijol negro guisado y molido	2 tazas

Aceite	250 gramos
Sal	al gusto

Con la masa se hacen unas gorditas de unos 15 cm. de diámetro, que se cuecen en el comal; con cuidado se les levanta el pellejito que se les forma, para no romperlo.

Se calientan las tres cucharadas de aceite y se fríen el ajo y la cebolla; cuando está blanda se agrega el tomate rojo picado (sin piel ni semilla), dejando que se fría y agregando el perejil y el pescado cocido y desmenuzado.

Se coloca en las gorditas una capa de puré de frijol, después un poco de pescado y la tapita que se quitó. Se fríen en el aceite caliente.

Se sirven con salsa picante.

Pescado a la veracruzana

Robalo en rebanadas	750 gramos
Perejil picado	2 cucharadas
Canela	1 rajita
Cebolla picada	2 cucharadas
Ajo	3 dientes
Alcaparras	60 gramos
Aceitunas	60 gramos
Aceite de oliva	¼ de taza
Pimientas delgadas	6
Limón	1
Clavos	3
Jitomate	700 gramos

Chiles cuaresmeños
en escabeche   4
Sal

Al pescado bien limpio se le pone limón por ambos lados. El jitomate asado se muele con los clavos, pimientas y canela; en el aceite se acitronan la
cebolla y el ajo picado. Se agrega el jitomate y se
deja freír; se añade ½ litro de agua, la sal y el perejil; se deja dar un hervor y se añaden el pescado, las
aceitunas, las alcaparras picadas y los chiles cuaresmeños en rajitas. Se deja hervir a fuego bajo durante
10 minutos, o hasta que esté cocido el pescado.

Pescado a la veracruzana. Veracruz

¿Frío, frío o caliente, caliente?

YUCATÁN

Como todos sabemos, en Yucatán se desarrolló una de las culturas más importantes de toda América: la maya. Cuando se habla de los mayas es imposible no pensar en pirámides, templos y rituales, y aquí tenemos uno muy especial que hasta la fecha se conserva: la preparación de los alimentos.

Primero que nada hay que recordar que esta cultura empleaba métodos muy variados de cocción, mismos que son usados hasta la fecha, como el horno subterráneo, en el cual se colocan sobre piedras calientes los productos que se van a guisar, protegidos con hojas de vegetales. Otro procedimiento consiste en colocar las viandas en sendas vasijas, y junto a éstas se introducen piedras calientes que hacen cocer el guiso, todo lo cual le da ese particular sabor a la comida yucateca.

Se sabe que desde tiempos inmemoriales las mujeres tienen a su cargo la elaboración de los alimentos, aunque son los hombres quienes se encargaban y se encargan de la preparación de los alimentos rituales. Para la elaboración de éstos, hay que tener presente la dualidad de la vida; esto es, bueno y malo, negro y blanco, y caliente y frío. Así tenemos que algunos alimentos tienen propiedades "calientes" y otros propiedades "frías", que se deben relacionar estrechamente con la salud; entonces, es necesario equilibrar las características de los alimentos en la preparación de la comida. Esto parecería difícil, pero es más fácil de lo que se supone; por ejemplo: la miel, la carne de res, el café y el pinole son alimentos "calientes"; el jabalí, el arroz, la lima y la papaya son alimentos "fríos" y, por supuesto, hay alimentos medio fríos, es decir tibios.

Los comestibles "fríos" pueden perder en cierta medida sus atributos si se saben mezclar con otros que sean "calientes", de tal forma que se puede obtener una alimentación que, bien mezclada, llega a ser, además de nutritiva, sana y muy agradable al gusto. ¿Por qué no prueba un banquete de *sopa de lima* (frío) con una *cochinita pibil* (caliente) acompañada de un *pozol* (medio frío)?

Horchata de arroz

Arroz	1 taza
Canela	1 cucharada (en polvo)
Limón	unas gotas

El arroz se remoja en agua tibia durante dos o

tres horas para que se hinche. Después se pone a hervir en bastante agua y se deja enfriar, colándose y exprimiéndose bien para que suelte todo su jugo. Se agregan el azúcar y el limón, revolviendo todo con una cuchara de madera, y se añaden la canela y unos trocitos de hielo (se le puede agregar cuanta agua sea necesaria para que quede una horchata ligera).

Pozole

Maíz	500 gramos
Cal	5 cucharadas
Azúcar	al gusto
Esencia de vainilla o agua de azahar	al gusto

El maíz se pone al fuego con suficiente agua para cubrirlo. Antes de hervir se le añade la cal, previamente disuelta en una poca de agua, y se deja al fuego; debe hervir hasta que se le pueda quitar el pellejo. Cuando esto suceda, se retira del fuego y se despelleja totalmente, lavándolo tantas veces como sea necesario, hasta que esté muy blanco. Se pone otra vez en agua limpia y se deja al fuego hasta que reviente y esté muy suave. Se escurre y se muele formando una bola con la masa, que se conserva en un lugar fresco para tomar lo que se necesite y hacer la bebida en proporciones de 150 gramos de masa por cada litro de agua, añadiéndole azúcar, esencia de vainilla o agua de azahar y un poco de hielo.

Sopa de lima

Limas agrias	2
Aceite	2 cucharadas
Cebolla picada	3 cucharadas
Ajo picado	2 dientes
Pimiento rojo picado	1
Jitomates picados	2
Puré de tomate	3 cucharadas
Clavos de olor	3 molidos
Canela en polvo	1 pizca
Caldo	2 litros
Pechugas de pollo cocidas	2
Tortillas	12
Sal y pimienta	al gusto

En el aceite caliente se fríen el ajo, el pimiento y la cebolla. Cuando ésta se pone transparente se agregan los jitomates, el clavo, la canela, sal y pimienta y el puré, dejando que se frían. Se vierte encima el caldo y se pone una de las limas rebanadas. Cuando ha hervido unos diez minutos se agregan las pechugas deshebradas. Mientras tanto se cortan tiritas muy finas de tortilla y se fríen en aceite.

Para servir la sopa se sacan las rebanadas de lima cocida y se coloca en cada plato otra rebanada delgada de lima fresca y una poca de tortilla frita. Las limas deben ser de Yucatán.

Cochinita pibil

Cochinita	4 kilogramos
Pimientas de castilla	25
Ajos	3 dientes
Cominos	15
Naranjas agrias	8
Hojas plátano	2
Achiote	1 cucharada
Orégano	1 cucharada
Sal	al gusto

La cochinita se flamea para quitarle el pelo, se les sacan las menudencias y se lava por dentro y por fuera con agua caliente, hasta que quede blanca; se le hacen varias cortadas en toda la piel, y se unta con sal y naranja. Se muelen los ajos asados con las pimientas, los cominos, el achiote, el orégano y la sal, mezclados con el jugo de naranja. Con esto se unta la cochinita por dentro y por fuera, y se deja reposar en un lugar fresco durante un día. Después se forra una olla grande con las hojas de plátano, se le pone la cochinita con el resto de la salsa y se cubre con más hojas de plátano. Se hace un hoyo en la tierra, como de un metro de profundidad; allí se meten unos carbones encendidos, piedras grandes y leña hasta llenarlo. Cuando sólo quedan las brasas y ya no sale humo, se coloca en el centro la olla, se cubre con pencas de maguey y se tapa completamente con tierra. A las tres horas ya se puede sacar.

Cuando no se puede hacer esta clase de hoyo, se puede hacer en horno o vaporera.

Frijoles yucatecos

Frijol negro	3/4 kilogramo
Carne de cerdo	3/4 kilogramo
Rábano largo	1
Cilantro picado	1 taza
Cebolla picada	1 taza
Chiles serranos	10
Lechuga	1
Limones	3

Se ponen a remojar los frijoles desde la víspera; al día siguiente se hierven y cuando están a medio hervir se les agrega la carne lavada y se deja cocer, sazonándolos con sal. Al momento de servirse, cada persona se pondrá una porción de las verduras, que se habrán colocado en un platón.

Se sirven acompañados de tortillas calientes.

Huevos motuleños

Tortillas chicas	12
Aceite	½ taza
Frijol en puré	1 taza
Huevos estrellados	12
Jitomates	3
Jitomate en puré	1 taza
Cebolla picada	3 cucharadas
Ajo picado	1 diente
Laurel	1 hoja
Azúcar	1 cucharadita
Vinagre	1 cucharadita

Chile serrano	al gusto
Sal	al gusto
Jamón cocido picado	100 gramos
Chícharos	1 lata
Queso rallado	100 gramos
Plátanos	4
Plátanos machos	2

En tres cucharadas de aceite se fríen el ajo y la cebolla. Cuando están transparentes se agregan los jitomates picados (sin piel ni semillas) y el puré, dejando que se frían muy bien. Se sazona con sal, chile, azúcar, vinagre y la hoja de laurel, agregando una poca de agua o caldo para soltar la salsa. Se deja hervir unos minutos.

Se tiene preparado el puré de frijol, no muy espeso, las rebanadas de plátano frito, el jamón picado y el queso rallado.

Para servirlos se pasan las tortillas por el aceite caliente, dejándolas suaves, según el gusto. Se untan con el puré de frijol y se colocan dos en cada plato, con dos huevos estrellados.

Se cubren con la salsa, un poco de jamón picado, chícharos y queso rallado. A un lado se colocan dos o tres rebanadas de plátano frito.

Panuchos de picadillo

Masa	750 gramos
Manteca	2 cucharadas
Frijoles refritos	1½ tazas

Salsa	al gusto
Picadillo	1½ tazas
Aceite	250 gramos
Sal	1½ cucharadita

Se mezcla la masa con la sal y la manteca. Se hacen unas gorditas de unos 15 cm. de diámetro, que se cuecen en el comal; con cuidado se les levanta el pellejito que se les forma, para no romperlo. Se coloca en el fondo una capita de frijoles refritos y después un poco de picadillo. Se cubren de nuevo con sus tapitas y se fríen en el aceite caliente.

Se sirven con salsa.

Pollo pibil

Pollo tierno	1
Achiote	1 trozo
Naranjas agrias	2
Jitomates	3 medianos
Cebollas rebanadas	5 grandes
Aceite	5 cucharadas
Hojas de plátano	
Rajas de chile	opcional
Polvo de orégano	opcional
Sal y pimienta	al gusto

Los pollos se lavan se pelan y se sacan seis piezas: dos muslos con la pierna y cuatro mitades de pechuga. Se untan con el achiote desleído en el jugo de naranja, sal y pimienta.

Se calienta el aceite y se fríen las piezas de pollo, colocando cada una sobre un cuadro de hoja de plátano (pasada por agua hirviendo). Encima del pollo se colocan dos rebanadas de jitomate y unas rodajas de cebolla, rajas de chile si se desea, o polvo de orégano. Se bañan con un poquito del aceite en el que se ha frito el pollo y se envuelven como tamal, untando las hojas con aceite, y poniéndolos en una vaporera, hasta que el pollo esté muy suave.

Atole. Yucatán

Peritas en dulce. Zacatecas

De la birria a la capirotada, se queda usted encantada

ZACATECAS

Zacatecas es una hermosa ciudad virreinal que tiene por costumbre hacer fiestas para celebrar a los santos titulares de los barrios. Sin embargo, la más importante es la fiesta de Nuestra Señora del Patrocinio, que está enmarcada por las procesiones al cerro de La Bufa. Dichas procesiones son el eje de las más animadas romerías, en las que se manifiesta la gran variedad de platillos de toda la región, que van desde el postre *capirotada* hasta la deliciosa *birria* de carnero, que se acompaña con la *salsa borracha*.

De la birria tenemos que la antigua tradición la señala como uno de los platillos domingueros por excelencia, y de acuerdo con la costumbre zacatecana, de origen español, este platillo se puede elaborar con dos tipos de carne: carnero y chivo. Sin embargo, hay regiones que la preparan con la rata de campo, recomendable para personas que padecen afecciones pulmonares y que, aunque usted no lo crea, es casi tan milagrosa como ir al Santuario de Plateros. Volviendo a los platillos tradicionales del estado y ya que se habla de Plateros, existen las tradicionales *gorditas de Plateros*, que se venden a diario en todos los mercados del estado. Cabe señalar que la *birria* ha estado presente en la mesa de los zacatecanos por espacio de varios siglos, lo mismo entre la gente adinerada que entre el pueblo, cuya mesa se pone desde luego con menos ostentación; pero la receta es la misma y aquéllos la han convertido, quién lo diría, en un caldo común con carne.

Es importante señalar que este platillo se diferencia de la barbacoa en la forma de preparación, pues ésta puede cocerse al natural o untada con adobo de chiles rojos. Desde luego, hay que tener presente que la frecuencia en el consumo de este platillo depende de los recursos económicos familiares y, en el caso de la población indígena, hay que asociarlo a los factores y costumbres culturales.

De todo esto se deduce que en Zacatecas las comidas son deliciosas, gracias al acompañamiento de chiles y especias en abundancia, así que si a usted le gusta la buena comida, y en especial la muy condimentada y picosa, no haga otra cosa más que *birria* muy sabrosa.

Birria

Carnero tierno	1
Chile ancho	225 gramos

Chile cascabel	115 gramos
Chile mora	30 gramos
Masa	1 kilo 800 gramos
Pimientas	15
Ajos	6 dientes
Clavos	5
Tomillo	2 ramitas
Canela	1 raja
Cominos	½ cucharadita
Vinagre	el necesario
Sal	al gusto

✔ *Salsa:*

Tomate	300 gramos
Chile cascabel	20 gramos
Orégano	1 cucharadita
Cebolla picada	1 cucharada

La carne se corta en piezas, se picotea con un cuchillo y se coloca en una charola. Los chiles se asan, se remojan en agua caliente y se muelen con los ajos y todas las especias; se agrega el vinagre necesario para formar una salsa, se sazona con sal y con ella se cubre muy bien la carne, tapando todo perfectamente con papel y masa, procurando que quede cubierto para que guarde el vapor. Se mete al horno como hora y media, según lo tierno que esté el carnero, se destapa, y a todo el jugo que soltó se le agrega la salsa y con esto se hace la birria.

Salsa: Los tomates y el chile cascabel se ponen a cocer, se muelen, se agregan el jugo de la carne, sal, el orégano y la cebolla picada.

Patitas en escabeche de leche

Patitas de cerdo	8 tiernitas
Cebolla	1
Harina	4 cucharadas
Hierbas de olor	al gusto
Huevos	5
Aceite	6 cucharadas
Leche	3 tazas
Azúcar, pasitas, almendras, piñones	al gusto
Sal	al gusto

Las patitas muy limpias se ponen a cocer en olla express sesenta minutos, con una cebolla, sal y hierbas de olor, al gusto; se les quitan los huesos.

La leche se hierve con el azúcar. Ya cercana la hora de servirlas, se toman dos o tres trozos grandes, se espolvorean con harina y se bañan en huevo para capear, es decir, las claras batidas a punto de turrón; se les agregan las yemas. Se sazona con sal.

Se fríen en el aceite caliente. Se desgrasan y se bañan con la leche caliente adornándolas con pasitas, almendras peladas y cortadas en trozos y piñones, al gusto.

De la tradición mexicana

Agua de jamaica

Flor de jamaica	50 gramos
Agua	1½ litros
Azúcar	al gusto
Hielo	al gusto

La jamaica se lava perfectamente en una coladera hasta que el agua salga limpia; entonces se pone al fuego con el agua hasta que hierva; se deja enfriar, se cuela y se le añaden el azúcar y el hielo.

Agua de tamarindo

Tamarindos	200 gramos
Agua	2 litros
Azúcar	al gusto
Hielo	al gusto

Los tamarindos se pelan y se ponen al fuego con el agua para que hiervan unos minutos; se dejan enfriar y se cuelan. Se agregan el azúcar y el hielo.

Atole de coyol

Coyol molido	120 gramos
Masa	¼ de kilogramo
Azúcar	250 gramos
Agua o leche	1 taza

Se revuelve la masa con el coyol y se deslíe en agua o leche. Se cuela y se le agrega el azúcar; se pone al fuego y se retira cuando está espeso y cocido. Se sirve muy caliente.

Atole champurrado

Piloncillo	250 gramos
Masa	150 gramos
Chocolate	120 gramos
Canela	1 raja
Agua	2 litros

La masa se deslíe en el agua y se pone al fuego con la canela, moviendo constantemente. Cuando espesa, se agregan el chocolate y el piloncillo, batiendo bien para que se deshagan. Se dejan dar un hervor antes de servirse.

Atole de fresa

Fresas	500 gramos
Masa de maíz	150 gramos

Vainilla	10 gotas
Agua	½ litro
Crema	¼ de litro
Leche	1 litro
Azúcar	150 gramos

La masa se deshace en el agua y se pone al fuego con la vainilla. Cuando empieza a espesar, se añaden el azúcar, la crema y la leche. Se deja cinco minutos más en el fuego y se retira para ponerle el jugo de las fresas pasadas por cedazo.

Atole de piña

Piña	2 rebanadas
Azúcar	250 gramos
Masa de maíz	¼ de kilogramo
Leche o agua	1 taza

Se muele muy bien la piña y se revuelve con la masa; se deslíe en leche o agua. Se pasa por un cedazo y se pone a cocer agregándole el azúcar.

Café de olla

Café	60 gramos
Piloncillo	140 gramos
Canela	20 gramos
Agua	1 litro

Se ponen el piloncillo y la canela con el agua al fuego; cuando se ha calentado el agua y el piloncillo está derretido, se agrega el café molido muy finamente. Una vez que ha hervido se retira del fuego, se tapa la olla y se podrá servir hasta que el café se asiente en el fondo de la olla.

Coctel margarita

Tequila	1½ onzas
Cointreau	1 cucharadita
Jugo de limón	½ limón
Hielo picado	al gusto
	(para cada copa)

Se baten todos los ingredientes; se sirve en copas escarchadas con sal.

Para escarchar las copas se humedecen los bordes en jugo de limón y luego en la sal antes de servir el coctel.

Chicha

Piña	1
Limones	6
Agua	4 litros
Azúcar	1 kilogramo
Canela, clavo y nuez moscada	al gusto
Hielo	al gusto

Se pela la piña; la corteza se corta en trozos y se pica la pulpa. Los limones se rebanan.

Se agrega el azúcar al agua y cuando está bien disuelta, se añaden la piña, los limones y las especias. Debe hacerse en olla de barro. Se deja reposar varias horas y después se cuela y se sirve con trozos de hielo.

Chocolate mexicano

Cacao tabasco	675 gramos
Cacao maracaibo	280 gramos
Azúcar	900 gramos
Almendras	115 gramos
Canela	15 gramos
Yemas cocidas	2

El cacao se pone a tostar en una sartén; luego se deja enfriar, se le quita la cáscara y se cierne bien. En el metate se muelen el azúcar, la canela y la almendra, que se habrá tostado ligeramente, agregando también las yemas cocidas. Una vez bien molido todo esto se aparta. Debajo del metate se pone un trasto con brasas y se empieza a moler el cacao ya tostado. Cuando ya está molido, se le agrega el azúcar con los otros ingredientes y se vuelve a moler hasta que todo se una perfectamente. Enseguida se procede a entablillarlo, vaciándolo en moldes especiales.

Se procura que no le dé el aire hasta pasadas 24 horas, y pasado ese tiempo ya se puede tomar.

Garapiña

Piña grande	½
Tamarindos	¼ de kilogramo
Azúcar	2 kilogramos
Limones	5
Canela molida	1 cucharada
Clavos enteros	14
Agua	7 litros

La piña se muele y se pone en infusión en dos litros de agua; al mismo tiempo, se ponen los tamarindos, ligeramente machacados, en otros dos litros de agua; la piña y los tamarindos se dejan así durante tres días; entonces se cuelan los tamarindos, se unen a la piña, y se añaden tres litros de agua, el azúcar, la canela molida, los clavos enteros, el jugo de limones y se deja reposar por lo menos una hora. La garapiña se sirve muy fría.

Horchata de almendra

Almendras	100 gramos
Pepitas de melón	125 gramos
Azúcar	1 taza
Agua	2 litros
Ralladura de limón	al gusto

Se pelan las almendras y una vez peladas, se muelen junto con la pepita. Se añaden el agua, el azúcar y la ralladura de limón, dejando reposar la mezcla durante varias horas.

Se cuela exprimiendo bien la pasta para que suelte todo el jugo. Se mete al refrigerador para servirla muy fría.

Horchata de semillas de melón

Semillas de melón	1 taza
Vainilla (líquida)	1 cucharadita
Agua	2 litros
Azúcar	al gusto

Se licuan las pepitas de melón con dos tazas de agua y se cuelan; a esta mezcla se le añaden otras 2 tazas de agua y se vuelven a moler y a colar después. Esta operación se repite hasta que queden las semillas limpias de pulpa; se les agregan el resto del agua, el azúcar y la vainilla y se deja reposar en el refrigerador más o menos dos horas.

Ponche caliente

Tejocotes	¼ de kilogramo
Guayabas	¼ de kilogramo
Ciruelas pasas	¼ de kilogramo
Caña de azúcar	1 (partida)
Aguardiente de Parras	¼ de litro
Azúcar	600 gramos

Los tejocotes, las guayabas y la caña previamente lavados y mondados, se ponen a hervir en un recipiente con el agua junto con las ciruelas pasas y el azúcar, durante una o dos horas más o menos. Si es necesario, se le añade un poco más de azúcar; al último se agrega el aguardiente. Se tapa y se sirve bien caliente (se acostumbra tomarlo en la temporada de posadas).

Tamales de elote

Elotes no muy tiernos	12
Levadura	1 cucharadita
Pasas	50 gramos
Sal	½ cucharadita
Mantequilla	50 gramos
Azúcar	200 ó 250 gramos
Leche	1 taza

Los elotes se desgranan y se muelen con un poco de leche; se les mezclan la mantequilla fundida, azúcar, sal, levadura y rápidamente, sin batir, se van haciendo los tamales en las mismas hojas de los elotes, poniéndole a cada uno algunas pasitas. Se cuecen durante hora y media.

Tamales de frijol

Frijol	500 gramos
Masa	500 gramos
Manteca	150 gramos
Epazote	1 ramita
Sal	al gusto

Se pone a cocer la masa, batiéndola con la manteca y se sazona con sal y la ramita de epazote. Después de diez minutos se retira del fuego, se bate y se le agregan los frijoles enteros, para formar los tamales; se coloca la mezcla en hojas de maíz y se cuecen en tamalera.

Tamales rojos

Harina para tamales	1 kilogramo
Manteca	½ kilogramo
Caldo de cerdo	1½ litros
Royal	1 cucharada
Sal	1 cucharada
Carne de cerdo	500 gramos
Chile pasilla	25 gramos
Chile ancho	50 gramos
Ajo	1 diente
Cominos	8
Hojas de maíz (remojasas y escurridas)	

Se bate la manteca y se le añaden la levadura y la sal; luego se añaden el caldo y la harina de modo alternado, y se bate bastante. En hojas para tamal (previamente remojadas en agua), se va poniendo una porción de masa, en el centro se coloca una cucharada de chile y un trozo de carne de cerdo; se envuelven y se ponen a cocer durante 2 horas.

✔ *Chile colorado:* Los chiles se asan, se desvenan, se remojan en agua caliente y se muelen con el ajo y los cominos; se fríen en una cucharada de manteca, y se añade la carne en trocitos; se sazona con sal.

Tamales de dulce

Harina para tamales	700 gramos
Manteca de cerdo	300 gramos
Azúcar	200 gramos
Leche	¼ de litro
Pasas	100 gramos
Acitrón	100 gramos
Sal	1 cucharadita
Color vegetal	
Hojas de maíz (remojadas y escurridas)	

Se bate la manteca, se le agrega el azúcar batiendo un poco más. Después se añaden la harina, la leche y la sal. En cada hoja de maíz se pone una cucharada de masa con un puñado de pasas y un cuadrito de acitrón. Se doblan y se cuecen en la olla tamalera por una hora. Se le puede poner color vegetal al gusto.

Tamales verdes

Harina para tamales	1 kilogramo
Manteca	½ kilogramo
Caldo de cerdo	1¼ litros
Levadura	1 cucharada
Sal	1 cucharada
Carne de puerco	500 gramos
Tomate verde	300 gramos
Chiles verdes	al gusto
Cebolla	1 chica

Ajo	2 dientes
Cilantro	1 ramita
Hojas de maíz (remojadas y escurridas)	

Se bate la manteca, se le añaden la levadura y la sal; luego se le ponen el caldo y la harina de modo alternado, y se bate bastante. En hojas para tamal (previamente remojadas en agua), se va poniendo una porción de masa, en el centro se pone una cucharada de chile y un trozo de carne de cerdo; se envuelven y se ponen a cocer durante 2 horas.

✔ *Chile verde:* Se ponen a hervir los tomates con los chiles verdes; se muelen con ajo, cebolla y cilantro, y se fríen en una cucharada de manteca. Se le pone la carne en trocitos, y se sazona con sal.

Salsa borracha

Chile pasilla	100 gramos
Pulque blanco	¼ de litro
Ajo	2 dientes
Cebolla picada	1 cucharada
Queso añejo	100 gramos
Sal	al gusto

Se abren los chiles para quitar las semillas y venas, se tuestan y remojan en agua caliente, y se muelen en el molcajete (o licuadora), soltando la salsa con el pulque. Se agregan la sal, la cebolla y el queso desmoronado. Se sirve con barbacoa.

Salsa de chile cascabel

Tomates verdes	8
Chiles cascabel	5
Ajos	3 dientes
Sal	al gusto

Los tomates, se hierven, los chiles se tuestan y desvenan y se muelen en el molcajete con el ajo, agregando sal al gusto.

Guacamole con tomate verde

Aguacates	4
Tomate verde	500 gramos
Cebolla picada	1 chica
Ajo	3 dientes
Sal	al gusto
Chiles serranos	5

Los tomates se lavan y se ponen a cocer con el ajo y los chiles serranos. Se escurren y se muelen en molcajete o licuadora.

Los aguacates se pelan y cortan en cuadritos o se machacan, agregando la sal. Se le deja el hueso y a última hora, se quita y se le pone la cebolla picada y se sirve.

Salsa de chile pasilla

Chiles pasilla	4
Aceite para cocinar	2 cucharadas

Aceite de oliva	3 cucharadas
Vinagre	2 cucharadas
Orégano desmenuzado	1 cucharadita
Queso añejo desmoronado	50 gramos
Sal	al gusto

Los chiles se doran en el aceite de cocinar. Se les quitan las semillas y venas, y se cortan en trocitos, mezclándolos con vinagre, aceite de oliva, sal y orégano. Se sirven con el queso encima (muy buena con el caldo de haba).

Arroz a la mexicana

Arroz	250 gramos
Manteca o aceite	125 gramos
Chícharos cocidos	125 gramos
Chorizos	2
Puré de jitomate	6 cucharadas
Huevos cocidos	2
Jugo de cebolla	½ cucharadita
Agua fría	1 taza
Aguacate	1 grande
Caldo	2 tazas
Perejil picado	2 cucharadas
Aguacates	2
Sal	al gusto

El arroz se remoja en agua caliente durante diez minutos, después se lava con agua fría y se escurre; se calienta el aceite y en él se fríe el arroz; cuando adquiera un color dorado se le escurre la manteca, y se agregan el puré de jitomate y el jugo de cebolla. Cuando ha resecado se añade una taza de agua fría, sal y los chícharos cocidos; al consumirse el agua se le pone el caldo caliente, se tapa y se deja hervir a fuego bajo, hasta que el arroz quede seco. Se vacía en un platón, se espolvorea con el chorizo frito, y se adorna con rebanadas de huevo, tiritas de aguacate y perejil picado.

Moros y cristianos

Arroz	1 taza
Plátanos machos	2
Frijol negro	1½ taza
Caldo de pollo	1½ taza
Cebolla	1 chica
Ajo	2 dientes
Manteca o aceite	½ taza
Sal	al gusto

El arroz se remoja y se lava, y se fríe en el aceite con un diente de ajo; se le agrega el caldo y se tapa, dejándose a fuego bajo hasta que se consuma el agua y el arroz quede esponjado. Los frijoles se hierven con cebolla, el otro ajo y sal, y se retiran del fuego cuando están un poco duros, pero ya cocidos. Los plátanos machos se cortan en ruedas y se fríen en aceite. En el mismo aceite se fríen los frijoles muy bien escurridos y el arroz, hasta que queden bien refritos. Se sirven con los plátanos fritos.

Arroz verde

Arroz	225 gramos
Mantequilla	60 gramos
Chiles poblanos	6
Manteca o aceite	120 gramos
Caldo	1 litro
Queso fresco	80 gramos
Cebolla	1 mediana
Ajo	2 dientes
Sal	al gusto

El arroz se remoja en agua caliente durante diez minutos, después se lava con agua fría y se escurre bien. Después se fríe en la manteca y antes de que tome color dorado se escurre la manteca y se agregan el caldo, los chiles asados, desvenados y molidos con la cebolla, sal y el ajo, se tapa y se deja hervir a fuego bajo. Cuando empieza a secar se añade la mantequilla y se deja al fuego hasta que el arroz quede separado un grano de otro. Se sirve con rebanadas de queso.

Caldo de haba

Habas secas peladas	600 gramos
Agua	3 litros
Ajo	3 dientes
Cebolla	1 grande
Yerbabuena	1 hoja
Jitomate	500 gramos

Cilantro picado	4 cucharadas
Aceite	3 cucharadas
Sal	al gusto

Las habas se ponen al fuego en una olla grande con la cebolla y los ajos, dejando que hiervan hasta que casi se desbaraten.

Se calienta el aceite y se fríe el jitomate picado. Cuando está bien frito, se añade a la olla donde se están cociendo las habas, junto con el cilantro, la yerbabuena y la sal; se deja hirviendo hasta que queden algunos trozos de las habas sin desbaratar.

A la hora de servirse se agrega un poquito de aceite de oliva, orégano y un pedazo de chile pasilla frito. Orégano, chile pasilla y aceite de oliva son optativos del comensal, no forman parte elemental de la receta.

Sopa de tortilla

Tortillas	18
Aceite	125 gramos
Jitomate molido	1 taza
Cebolla	1 chica
Ajos	2 dientes
Caldo o agua	4 tazas
Epazote	1 rama
Queso rallado	al gusto
Sal	al gusto

Las tortillas se cortan en tiritas, rociándolas con

agua y una poca de sal. Se ponen un rato a los rayos del sol.

Las tortillas se fríen hasta quedar doradas, y se van sacando del aceite. En la grasa sobrante se fríe el jitomate molido con la cebolla y el ajo. Una vez refrito se añaden el caldo o agua, sal y la rama de epazote. Una vez que ha hervido, se agrega la tortilla frita, dejando que se impregne bien. Se sirve con queso rallado encima.

Adobo

Lomo de cerdo	900 gramos
Manteca	60 gramos
Chiles anchos	6
Orégano	½ cucharadita
Caldo de carne	2 tazas
Cebollas	2
Ajos	2 dientes
Laurel	1 hoja
Vinagre	2 cucharadas
Cebollas para adornar	2
Sal y pimienta	al gusto

Se pone a cocer el lomo con una cebolla, sal y pimienta. Los chiles se asan ligeramente, se remojan, se muelen con la cebolla, los ajos y el orégano y se fríen en la manteca. Se agregan el lomo ya cocido, el caldo, el vinagre y la hoja de laurel; se deja hervir hasta que espesa el adobo y cubre el lomo. Se vacía al platón y se adorna con ruedas de cebolla.

Albóndigas

Aguayón molido	300 gramos
Lomo de cerdo molido	300 gramos
Tomates verdes	2
Yerbabuena	2 hojas
Cominos	6
Bolillo remojado en agua	½
Cebolla	1 chica
Huevo entero, crudo	1
Ajo	1 diente
Huevo cocido	1
Jitomate	400 gramos
Chipotles adobados	2
Ajo	1 diente
Cebolla	1 chica
Aceitunas	10
Chiles largos en vinagre	2

Se muelen los tomates, la yerbabuena, los cominos, la cebolla y el ajo; se mezclan con las carnes, el pan remojado y el huevo entero y se sazona con sal. Se forman las albóndigas, rellenándolas con un poco de huevo cocido picado, y se van poniendo en el caldillo hirviendo, durante 45 minutos; ya para servirse se les ponen aceitunas y chiles en vinagre.

✔*Caldillo:* Los jitomates se asan, se muelen con el chipotle, el ajo y cebolla; en una cucharada de manteca se fríe el jitomate, y se deja consumir la mitad; se agrega un litro de agua y se sazona con sal.

Bandera de frijoles

Frijol bayo gordo	675 gramos
Aceite	½ taza
Harina	1 cucharada
Ajo	2 dientes
Orégano	½ cucharadita
Manteca	30 gramos
Lomo de cerdo	450 gramos
Jitomate	450 gramos
Chile en polvo	1 cucharadita
Cebolla	1 mediana
Aguacates	2
Chiles pimientos	2
Queso	30 gramos
Macarrón grueso	1
Sal y pimienta	al gusto

En el aceite se fríen los ajos, se retiran y se fríe la harina; cuando dora, se agregan el frijol cocido y molido y el orégano. Cuando se reseca se retira.

En la manteca se fríe el lomo ya cocido y cortado en cuadritos. Se agrega el jitomate asado, molido con la cebolla, el chile en polvo, sal y pimienta; se deja hervir hasta que espesa.

Un molde de forma rectangular se unta de manteca, se pone la mitad de la pasta de frijol, el relleno de la carne y la pasta restante. Se mete al horno caliente. Cuando se desprende del molde, se vacía al platón formando los colores de la bandera mexicana de la manera siguiente: La parte verde con los aguacates deshechos, sazonados de sal y pimienta; la blanca con el queso; la roja con los chiles pimientos; el asta se pone con el macarrón y el águila se modela con un poco de la pasta de frijol que se apartó.

Burritos

Tortillas de harina	24
Carne deshebrada	500 gramos
Jitomate	250 gramos
Cebolla	1 chica
Manteca	75 gramo
Chile verde	al gusto
Sal	al gusto

En manteca caliente se fríe el jitomate, que previamente se habrá asado y molido, junto con la cebolla y el chile verde; se añade la carne hervida y deshebrada hasta que se consuma, para formar una pasta ligera, con la que se rellenarán las tortillas.

Caldo de camarón

Camarón seco	250 gramos
Chipotles adobados	1 lata chica
Laurel	1 hoja
Ajo	1 cabeza
Cebolla	1 mediana
Jitomate	125 gramos
Aceite de oliva	4 cucharadas
Sal	al gusto
Papas	250 gramos

Los camarones se ponen a hervir en un litro de agua. Se pelan las papitas y se parten en cuadros. Cuando los camarones han hervido diez minutos, se agregan las papas, los chipotles, el jitomate y la cebolla picados, así como la hoja de laurel y sal. Se deja hervir otros diez minutos y luego se añaden el aceite de oliva y la cabeza de ajo frita en el mismo aceite. Se tapa y se deja al fuego diez minutos más. Se sirve bien caliente.

Caldo de robalo

Robalo en rebanadas	1 kilogramo
Cabeza de robalo	1
Jitomates	4
Cebolla	1 mediana
Ajo	3 dientes
Chiles cuaresmeños	2
Cilantro	1 ramita
Aceite	½ taza
Sal	1 pizca

Se pican los jitomates, la cebolla y el ajo, y luego se fríen perfectamente. Después se agregan agua en cantidad necesaria, el cilantro y el chile cuaresmeño, partido en tiras, las rebanadas de pescado, la cabeza de pescado y una pizca de sal. Se hierve hasta que el pescado esté cocido.

Caldo tlalpeño

Pollo	1
Garbanzos cocidos	1 taza

Cebolla picada	2 cucharadas
Chipotles adobados	3
Ajos	2 dientes
Arroz	½ taza
Sal	al gusto
Epazote	1 rama
Zanahorias	250 gramos
Agua	2 litros

El pollo bien limpio y partido en raciones, se pone en una olla grande con dos litros de agua, una cucharada de sal y las zanahorias partidas en cuadros; se deja en el fuego por 30 minutos. Después se agregan el arroz lavado, los garbanzos cocidos, la cebolla, el ajo, los chipotles y el epazote. Se deja hervir hasta que el pollo esté cocido.

Cecina a la mexicana

Pulpa de res	900 gramos
Manteca	60 gramos
Cebollas	2 medianas
Ajos	2 dientes
Jitomate	450 gramos
Chiles serranos	2
Limones	2
Sal y pimienta	al gusto
Agua	1 taza

Con un cuchillo se va abriendo la pulpa lo más delgada que se pueda, dándole vueltas al trozo, procurando no romperla y que quede muy delgada. Se le pone sal por los dos lados y se deja reposar dos horas. Pasando este tiempo, se pone al sol hasta que seque, pero sin que se ponga dura; luego se le pone el jugo de limón, una poquita de pimienta y se vuelve a extender en un lugar donde le dé el aire fresco, ya no el sol. Después de dos días se machaca, se dobla y se guarda.

✔ *Manera de condimentar la cecina:*

La cecina bien seca se asa a fuego bajo, se machaca y se deshebra. En la manteca se fríen los chiles serranos, la cebolla y el ajo finamente picados; se agrega la carne deshebrada y el jitomate asado, molido y colado; se agrega una taza de agua, sal y pimienta y se deja hervir hasta que el caldillo espesa.

Chicharrón en salsa verde

Tomate verde	1 kilogramo
Chiles verdes	8
Chicharrón	500 gramos
Ajos	4
Cebolla	½
Caldo	1 taza
Manteca	4 cucharadas
Sal	al gusto

Se ponen a cocer los tomates y los chiles y se muelen con el ajo y sal. En una cazuela se fríen la cebolla en rodajas y la salsa, y se agrega el caldo. Una vez que dé un hervor, se añade el chicharrón en trozos y se deja que hierva y se suavice.

Chilaquiles

Tortillas	25
Tomate verde	450 gramos
Manteca	225 gramos
Queso añejo	250 gramos
Chiles serranos	8
Cebollas	2
Caldo	1 taza
Epazote	2 ramitas

Se cortan las tortillas en pedazos y se fríen en manteca; se escurren bien. Los tomates y los chiles se cuecen, se muelen y se fríen en una cucharada de manteca.

En una cazuela se pone la mitad de la tortilla frita, encima una capa de salsa y a la tortilla restante se le ponen la salsa, el epazote y el caldo y se deja en fuego muy bajo a que la tortilla se ablande; se sirve con queso (rallado) y cebolla (picada).

Enchiladas verdes

Tortillas	20
Tomates verdes	½ kilogramo
Chiles verdes	3
Cebolla	1 mediana
Ajo	1 diente
Pechuga de pollo cocida	1
Crema	½ litro
Queso añejo	100 gramos
Cebolla picada	1 cucharada

Manteca o aceite	100 gramos
Sal	al gusto

Los tomates se lavan y se ponen a cocer en un poco de agua, junto con los chiles; luego se muelen con el ajo, la mitad de la cebolla y los chiles; se fríen hasta que se reduzcan a la mitad; se les agrega un poco de caldo. Se deja hervir hasta que esté espeso.

Las tortillas se fríen en la manteca, se van mojando en la salsa, se rellenan con la pechuga deshebrada, con la crema y con sal; se enrollan y se acomodan en un platón.

Se sirven con queso rallado y cebolla picada.

Enfrijoladas

Tortillas	24
Pechuga cocida y deshebrada	2 tazas
Jitomate molido	4 tazas
Crema	1 taza
Cebolla	1 chica
Manteca o aceite	200 gramos
Ajo	1 diente
Sal	al gusto

Al jitomate se le agregan la cebolla y el ajo molidos, se fríe en poca manteca, dejándolo sazonar hasta que quede espeso.

Aparte se fríen las tortillas, se rellenan con las pechugas; al terminar se les pone la salsa de jitomate muy caliente y la crema por encima. Se sirven en seguida.

Ensalada de nopalitos

Nopales tiernos	500 gramos
Jitomate	1
Aguacate	1
Queso añejo	150 gramos
Vinagre	2 cucharadas
Orégano	1 cucharadita
Cebolla	1
Cilantro	1 ramita
Aceite de oliva	2 cucharadas
Sal	al gusto
Rabos de cebolla	

Los nopales se ponen a hervir en cuadros pequeños junto con unos rabos de cebolla; cuando estén cocidos se retiran del fuego y se les escurre el agua, dejándolos en una fuente hasta que estén fríos, retirando los rabos de cebolla. Después se le añade la cebolla en rodajas, el aguacate en trozos, el cilantro picado, un poco de orégano, el vinagre, la sal y aceite, las rodajas de jitomate y se adornan con el queso en trozos.

Chilpachole de jaiba

Jaibas	12
Cebolla	1 mediana
Epazote	1 rama
Jitomate	¼ de kilogramo
Manteca	100 gramos

Chile cuaresmeño	1
Sal	al gusto

A la mitad de las jaibas se les saca la pulpa, y las otras únicamente se parten a la mitad, abriendo las conchas. Se deshacen los jitomates, y la cebolla se pica en ruedas y se fríe; una vez frito se agregan agua suficiente, la pulpa de la jaiba y las mitades, la rama de epazote y se sazona con sal, dejando que espese un poco.

Chilacayotes en pipián

Pulpa de cerdo	200 gramos
Chilacayotitos	½ kilogramo
Chile ancho	100 gramos
Ajonjolí tostado	2 cucharadas
Tortilla frita	½
Clavo	1
Pimientas	4
Azúcar	½ cucharadita
Canela	1 rajita
Ajo	1 diente
Cebolla	1 chica
Manteca o aceite	70 gramos

Se pone a hervir la carne. Los chilacayotes se ponen a cocer picados y ya cocidos se escurren. El ajonjolí, se muele con la tortilla, ajo, cebolla, clavo, pimienta y canela; se fríe en la manteca, se agrega el chile desvenado, tostado y molido; se añaden el caldo en que se coció el cerdo, la carne partida en cuadros y los chilacayotes; se sazona con sal y media cucharadita de azúcar y se deja hervir a fuego bajo media hora. (Se puede hacer con chayotes en lugar de chilacayotes.)

Huauzontles en caldillo

Huauzontles tiernos	6 ramas
Huevos	4
Chiles anchos	4
Ajo	2 dientes
Harina	2 cucharadas
Cebolla	1 chica
Aceite	400 gramos
Sal	al gusto
Queso	1

Se quitan las hojas y se lavan las varitas de huauzontle. Se ponen a hervir con sal, y después de cocidos se escurren. Se doblan las varitas y en el centro se pone una rebanada de queso. Se baten los huevos y luego se capean los huauzontles, después de haberlos revolcado en la harina. Se fríen en aceite. El caldillo se hace moliendo el ajo, la cebolla y los chiles (desvenados, tostados y molidos) friendo todo muy bien. Se agrega agua y se deja en el fuego hasta que espesa. Entonces se agregan las tortas y se sirve caliente.

Huevos a la mexicana

Huevos	12
Jitomates	2 grandes
Perejil picado	3 cucharadas
Cebolla picada	3 cucharadas
Chile serrano picado	al gusto
Manteca o aceite	5 cucharadas
Sal	al gusto

Se meten los jitomates un momento en agua hirviendo para poder quitar la piel y se pican. Los huevos se baten sazonándolos con sal. Se calienta la grasa friendo la cebolla; cuando está transparente se agregan los tomates picados, el perejil y el chile, dejando esto al fuego para que se fría bien. Se agregan los huevos batidos, revolviéndolos bien con un tenedor para que no se peguen, hasta que adquieran la consistencia deseada.

Huevos rancheros

Huevos	6
Tortillas	6
Manteca	140 gramos
Jitomate molido	1 taza
Cebolla	1 chica
Ajo	1 diente
Sal	al gusto
Queso	1

Las tortillas se fríen en manteca, cuidando de

que no doren; sobre cada una se pone un huevo estrellado, poniendo cuidado de que no se rompa la yema; sobre cada uno se pone una cucharada de salsa y se adorna con rebanadas de queso.

✔ *Salsa:* En una cucharada de manteca se fríen la cebolla y el diente de ajo picados, el jitomate molido y los chiles finamente picados, se sazona todo con sal y se deja hervir hasta que espesa ligeramente.

Huevos exquisitos

Huevos	6
Tortillas	6
Frijol refrito	85 gramos
Jitomate puré	1 taza
Cebolla picada	1 chica
Chiles poblanos	2
Manteca	85 gramos
Queso	30 gramos

Los frijoles se deshacen en media taza del caldo en el que se cocieron y se fríen en una cucharada de manteca hasta que forman una pasta. Las tortillas se fríen en manteca. A cada tortilla se le pone una capa de los frijoles refritos y un huevo estrellado frito en manteca. Se cubren con salsa, se espolvorean con queso rallado y se sirven muy calientes.

La salsa se hace de la siguiente manera: En una cucharada de manteca se fríen la cebolla picada y los chiles asados, desvenados y cortados en tiritas; se agrega el puré de jitomate y se deja hervir hasta que espesa para ponerse sobre los huevos.

Huevos jinete a caballo con chaparreras

Tostadas	6
Huevos	12
Lomo de puerco	450 gramos
Chipotles en vinagre	2
Crema	1/8 de litro
Queso fresco	60 gramos
Tomillo	1 rama
Manteca	225 gramos
Aguacates	3
Chiles serranos	2
Cilantro picado	1 cucharada
Cebollas	2 chicas
Rábano	1 grande
Hoja de laurel	1
Jitomates	2 grandes
Sal y pimienta	al gusto

El lomo se pone a cocer con una cebolla y yerbas de olor. Ya cocido se muele con los chipotles y la crema; se sazona con sal y pimienta. Los huevos se estrellan en manteca. Los aguacates se deshacen con una cuchara de madera, se les agrega el jitomate asado y molido con una cebolla, el chile serrano y el cilantro picados; se sazona de sal y pimienta. Las tostadas se fríen en manteca; cuando doran se retiran y se les pone una capa de lomo molido con la crema y los chiles. Sobre esta capa se colocan los huevos, uno en cada orilla de la tortilla; en el hueco que queda entre uno y otro, se pone un copete de guacamole. Se espolvorea con el queso rallado y se le pone en el centro la mitad de una rebanada de rábano a la que se le habrá dejado la cáscara roja.

Tortilla de huevo a la mexicana

Huevos	3
Leche	2 cucharadas
Cebolla	1 chica
Manteca	1 cucharadita
Perejil picado	1 cucharadita
Sal y pimienta	al gusto

Se mezclan los huevos, clara y yema; se agregan la leche, la cebolla y el perejil picado. Se sazona con sal y pimienta, se vacía a un sartén extendida que tendrá manteca caliente. Cuando la parte de abajo de la tortilla comienza a tomar consistencia, se le dobla haciéndola rodar rápidamente en la misma sartén. Debe quedar dorada por fuera y suave por dentro. Se enrolla en forma alargada procurando que las orillas queden cerradas.

Huitlacoche con rajas, crema y queso

Huitlacoche	1 kilogramo
Chiles poblanos	4
Cebolla picada	1 grande
Crema	1 taza
Queso fresco	150 gramos
Sal	al gusto

Se asan los chiles, se pelan y se cortan en rajas.

Se calienta el aceite y se fríen el huitlacoche picado, la cebolla y las rajas. En un platón refractario engrasado se pone en capas el huitlacoche con rajas, crema y queso rallado o desmoronado.

Se calienta unos quince minutos antes de servir, acompañándolo con tortillitas calientes.

Manchamanteles

Pollos tiernos	2
Lomo de cerdo	500 gramos
Chiles anchos	8
Jitomate	750 gramos
Cebolla	1 chica
Ajo	2 dientes
Pan de caja	2 rebanadas
Cacahuates pelados	2 cucharadas
Vinagre	1 cucharada
Azúcar	1 cucharada
Aceite	6 cucharadas
Sal	al gusto
Plátano macho	1
Camote	1 mediano
Perones	3
Chicharitos	250 gramos
Piña pelada	2 rebanadas

La víspera se asan y desvenan los chiles, poniéndolos a remojar en agua caliente con sal y vinagre. Al día siguiente se escurren y se muelen con los ajos, cebolla, cacahuates y pan fritos, y con los jitomates (pelados y sin semilla).

Se fríe lo molido y se suelta la salsa con el caldo de los pollos, que se han puesto a cocer como de costumbre, con cebolla, ajo y hierbas de olor.

También el lomo se ha puesto a cocer aparte y cuando está suave se corta en tiritas.

La salsa se deja hervir unos minutos, agregando luego el lomo, las piezas de pollo, el azúcar, vinagre, rebanadas de plátano (sin pelar) rebanadas de perón, chicharitos (cocidos), trocitos de piña y rebanadas de camote, cocido aparte y pelado.

Se sazona con sal y se deja hervir hasta que las frutas estén cocidas y la salsa espesa.

Manitas de cerdo a la vinagreta

Manitas de cerdo	6 chicas
Cebolla	1
Orégano	1 cucharadita
Sal y pimienta	al gusto
Vinagre	3 cucharadas

Se lavan perfectamente las manitas, cortadas en cuatro partes y se ponen a hervir con agua caliente hasta que estén cocidas; se dejan enfriar. Se colocan en un platón y se les agrega la cebolla hervida junto con el vinagre, la sal y la pimienta y el orégano, dejándose macerar unas dos horas antes de servirlas.

Mitos (Frijol)

Frijol bayo	115 gramos
Manteca	200 gramos
Cebollas	2 medianas
Sardinas en jitomate	1 latita
Huevos	2
Harina	3 cucharadas
Puré de jitomate	1 taza
Chile en polvo	½ cucharadita
Perejil picado	1 cucharada
Sal	al gusto

En sesenta gramos de manteca se fríen una cebolla picada y los frijoles cocidos y desbaratados con una cuchara de madera. Se dejan en el fuego hasta que forman una pasta; se retira y cuando enfría se forman rollitos de forma alargada. Se rellenan con un pedacito de sardina, se pasan por harina y por los huevos batidos. Se fríen en la manteca. Se colocan en el platón y se cubren con la salsa; se espolvorean con el perejil finamente picado y se sirven inmediatamente. La salsa se hace de la siguiente manera: Se fríe una cucharada de manteca con una cebolla picada, el puré de jitomate y el chile. Se sazona con sal y se deja hervir hasta que espesa.

Mole de guajolote

Guajolote tierno	1
Chiles anchos	8

Chiles pasilla	2
Chiles mulatos	4
Tomates verdes	250 gramos
Cebolla	1 mediana
Pasitas	50 gramos
Tortillas tostadas	2
Ajonjolí	25 gramos
Semillas de cilantro	15 gramos
Clavos de olor	¼ de cucharadita
Pimienta	¼ de cucharadita
Almendras	50 gramos con cáscara
Laurel	1 hoja
Canela	¼ de cucharadita
Manteca	1 taza
Sal	al gusto

Un día antes se abren los chiles en crudo, se les quitan las semillas y se desvenan. Se pasan por un poco de manteca caliente y se remojan en agua caliente con sal y un poco de vinagre; si no se quiere que quede picante se les cambia el agua.

Al día siguiente se escurren y muelen con un poco de caldo.

Las almendras con cáscara, las pasas, el ajonjolí, la cebolla, los tomates verdes, las semillals de cilantro, las tortillas (en pedazos) y las especias se fríen, se muelen y se fríen nuevamente junto con los chiles molidos, soltando la salsa con el caldo hecho con el pescuezo, patitas, hígado y molleja del guajolote.

Las demás piezas del guajolote, ya cortadas (la

pechuga en cuatro partes), se fríen en crudo a fuego bajo y con la cacerola tapada para que se vayan cociendo al vapor. Se agregan a la salsa para que se terminen de cocer, sazonando todo perfectamente con sal. En lugar del guajolote, pueden ponerse tres pollos.

Mole verde

Gallina tierna	1
Pepita verde molida	100 gramos
Tomates verdes	300 gramos
Cominos	8
Zanahorias	2
Epazote fresco	12 hojitas
Ajo	1 diente
Cebolla	1 chica
Chiles verdes	4
Hojas de lechuga	2
Manteca o aceite	50 gramos
Sal	al gusto

La gallina se pone a cocer con ajo, cebolla, sal y dos zanahorias peladas. Los tomates se muelen en crudo con los chiles verdes, los cominos, el epazote, las hojas de lechuga, el ajo y la cebolla; esto se fríe un buen rato en la mitad de la manteca.

La pepita se disuelve en un poco de caldo, se fríe en el resto de la manteca, se le agregan el tomate ya frito y 3/4 de litro de caldo y se deja hervir con la gallina partida en raciones durante 3/4 de hora (se puede hacer con carne de cerdo).

Mondongo

Mondongo con patas de res	1½ kilogramo
Garbanzos	125 gramos
Col	¼
Plátano macho	1
Chorizos	4
Ajo	1 cabeza
Perejil	1 rama
Chile ancho	1
Aceitunas, alcaparras, orégano, chiles curados y especia fina	al gusto

El mondongo, bien limpio hasta que quede blanco, se pone a cocer con los garbanzos, las patas de res, la cabeza de ajo y el chile ancho entero, así como la cebolla. Una vez cocido, se muele el jitomate, un diente de ajo, la especia y el chile ancho y se pone a freír el recaudo; se agrega el mondongo partido en raciones, con el caldo en que se coció; se añaden los chorizos y el orégano. Se espesa, se sazona con sal y se agregan la col picada y el plátano rebanado, y se deja al fuego hasta que sazona al gusto. Se sirve muy caliente.

Pancita

Pancita	1 kilogramo
Chile guajillo	60 gramos

Ajo	3 dientes
Epazote	1 ramita
Cebolla picada	3 cucharadas
Cebolla entera	1 pedazo
Sal	al gusto

La pancita bien limpia se parte en cuadros, se pone a cocer en agua con un diente de ajo, un pedazo de cebolla y sal; se deja hervir hasta que esté bien cocida. En dos cucharadas de manteca se fríen la cebolla y el ajo picado; cuando están transparentes se agregan los chiles (que se habrán tostado, desvenado y molido); se deja freír bien, y luego se añaden la pancita con el caldo colado, y el epazote. Se deja hervir y se sazona con sal. Se sirve bien caliente, se le puede agregar orégano, limón y cebolla.

Pavo enchilado

Pavo	1 grande
Chiles anchos	15
Cebollas	2
Ajo	4 dientes
Manteca	60 gramos
Hojas de aguacate	25
Lechugas	2
Cebollas rebanadas	3 medianas
Rábanos	1 manojo
Aceite, vinagre, sal y pimienta	al gusto

Los chiles se asan ligeramente y se desvenan; se remojan en agua caliente, se muelen con los dientes de ajo y las cebollas y se fríen en manteca sazonándose de sal y pimienta. Cuando espesa, se retira del fuego y con esta salsa se cubren las piezas del pavo que ya estará limpio. Se envuelven en las hojas de aguacate y se cuecen a vapor (como los tamales). Cuando estas piezas estén bien cocidas se les quitan las hojas, se colocan en el centro del platón y se adornan con la lechuga picada y sazonada con aceite, vinagre, sal y pimienta, con ruedas de cebolla desflemada, tiritas de aguacate y flores de rábano.

Pavo relleno

Pavo	1
Tocino	115 gramos
Limón	1
Caldo	¼ de litro
Vino blanco	1 botella
Cebolla	1 mediana
Manteca	60 gramos
Sal, pimienta y yerbas de olor	al gusto
✔ *Relleno:*	
Manteca	60 gramos
Puré de jitomate	1/8 de litro
Lomo de puerco picado	1 350 gramos
Aceitunas	115 gramos
Pasas	115 gramos
Almendras	115 gramos
Plátanos	3

Manzanas	3
Canela	1 rajita
Azúcar	2 cucharaditas
Chiles jalapeños	6
Zanahorias	3
Cebolla	1 grande
Ajo	1 cabeza
Vinagre	1/8 de litro
Yerbas de olor	1 manojito
Lechugas	2
Jitomates	3
Aceite y vinagre	al gusto

El pavo se limpia muy bien y se pone a refrigerar 48 horas. Pasado ese tiempo se unta de sal, pimienta y jugo de limón por dentro y por fuera. El tocino se pica en cuadritos y se pone al fuego; cuando está dorado, se retira y la grasa se cuela. En la manteca se fríe la cebolla picada, se agrega la carne, el jitomate y el puré de jitomate, las aceitunas picadas, las almendras peladas y picadas, las pasas, los plátanos, manzanas, los chiles, zanahorias, el aceite y el vinagre. Se sazona con sal, pimienta, canela y azúcar y se deja en el fuego hasta que espesa; se rellena el pavo y se fríe en la grasa del tocino; cuando dora se mete al horno calentado a 400° C; se le pone el caldo, el vino, la cebolla rebanada y yerbas de olor. Se deja en el horno hasta que el pavo esté suave y la salsa se sirve aparte en una salsera y el pavo se adorna con la lechuga picada, sazonada de aceite, vinagre, pimienta y rebanadas con jitomate.

✔ *Manera de preparar los chiles:*

Los chiles se desvenan y se parten en rajitas; los ajos se pelan, la cebolla se rebana, las zanahorias se pelan y se rebanan. Todo esto se fríe en el aceite; se agregan las yerbas de olor, sal, pimienta y el vinagre; se deja hervir hasta que las zanahorias y chiles estén suaves.

Peneques

Peneques	24
Queso fresco	1 pieza chica
Huevos	5
Aceite	1 taza
Salsa de jitomate	al gusto
Sal	al gusto

Los peneques se abren por un lado y se rellenan con un pedacito de queso.

Se revuelven en los huevos que estarán batidos, es decir, se baten las claras a punto de turrón y se incorporan las yemas ya sin batir pero con movimientos envolventes, y se fríen en el aceite caliente; se sazona con sal al gusto.

Se cubren con la salsa de jitomate. Los peneques se venden ya hechos en el mercado. Son tortillas con las orillas cerradas en forma de barquito.

Pipián rojo con ajonjolí

Ajonjolí	100 gramos
Pollos tiernos	2

Jitomates	3
Cebolla	1 mediana
Clavo de olor	½ cucharadita
Ajo	2 dientes
Aceite	6 cucharadas
Canela molida	½ cucharadita
Sal	al gusto
Chiles anchos	8

Los chiles anchos se tuestan, desvenan y se les quitan las semillas, poniéndolos a remojar en agua caliente con una poca de sal.

El pollo cortado en piezas se pone a cocer como de costumbre, para obtener un buen caldo.

El ajonjolí se tuesta un poco, se muele con los jitomates, la cebolla y el ajo y se fríe. Cuando todo está bien frito se ponen cuatro tazas de caldo y cuando esto ha hervido un poco, se añaden el pollo, el clavo de olor, la canela y la sal, dejando que la salsa espese un poco.

Puede hacerse con carne de cerdo.

Revoltijo

Romeritos	1 manojo
Cacahuate	60 gramos
Camarón seco	220 gramos
Manteca	125 gramos
Pan blanco	35 gramos
Papas	400 gramos
Nopalitos tiernos	12

Chiles anchos	6
Chiles mulatos	3
Chiles pasilla	2
Cebolla	1
Ajo	3 dientes
Clavos	2
Pimientas gruesas	2
Huevos	4
Ajonjolí	2 cucharadas
Canela	1 raja
Tortilla	1

Se desvenan los chiles, se fríen y se muelen con los cacahuates, la tortilla y el pan también fritos, el ajonjolí tostado, las especias, el ajo y la cebolla; se disuelve todo en medio litro de agua caliente y se fríe en 4 cucharadas de manteca.

Cuando este mole empiece a espesar, se agregan las papas cocidas y picadas en cuadritos, los nopales cocidos y picados y los romeritos cocidos y bien escurridos. Se sazonan con sal cuando empiezan a hervir, se añaden 110 gramos de camarones cocidos, y ¼ de litro de agua. Se deja en el fuego hasta que las tortas estén cocidas y el mole espeso.

✔ *Manera de hacer las tortas*:
El resto de camarón se limpia muy bien, se tuesta ligeramente, se muele y se le agregan los huevos batidos; se van tomando cucharadas de esta pasta que se fríe en manteca y se ponen luego en el revoltijo.

Sopes

Manteca o aceite	300 gramos
Masa	500 gramos
Queso añejo	¼ de kilogramo
Cebolla picada	1 taza
Lechuga	1
Salsa roja	1 taza
Salsa verde	1 taza
Sal	al gusto

A la masa se le pone sal y agua y se hacen los sopes como de 8 centímetros de diámetro por un centímetro de ancho; inmediatamente que se sacan del comal, se pellizcan en derredor para formar una cazuelita. Se fríen en la manteca por los dos lados, se les pone una poca de salsa, cebolla picada, lechuga picada, se espolvorean con queso y se sirven. También se les puede poner picadillo, pollo deshebrado o carne deshebrada.

Xolostle

Pollos tiernos	3
Aceite o manteca	3 cucharadas
Agua	1 litro
Cebolla	1 mediana
Ajo	2 dientes
Chile cascabel	al gusto
Epazote	2 ramas
Harina	2 cucharadas

| Aguacate | 1 |
| Sal | al gusto |

Se lavan las piezas de pollo. Se fríen en el aceite o la manteca sin que lleguen a dorar. En esa misma grasa se fríen los chiles, sacándolos luego. La cebolla y el ajo se fríen y cuando están transparentes se agrega la harina.

El pollo se pone en el agua con cebolla, ajo y el epazote. A medio cocimiento se agregan la sal y los chiles, dejando que hiervan sin que se desbaraten.

Se sirve muy caliente en platos hondos, con una pieza de pollo en cada plato y unas rajas de aguacate si se desea.

Arroz con leche

Arroz crudo y lavado	1 taza
Leche	1 litro
Canela	1 rajita
Pasitas sin semilla	1 taza
Azúcar	al gusto
Cáscara de limón	1 pedacito

El arroz se pone a cocer en la mitad de la leche con la cáscara de limón y se deja hervir a fuego bajo hasta que esté cocido; después se le agrega el resto de la leche, canela, el azúcar y las pasitas, y se deja hervir un rato más para que espese y se endulce. Se vacía en un molde refractario y encima se pone polvo de canela y se deja enfriar. Se sirve.

Buñuelos inflados

Harina	1 taza
Leche	1 taza
Ralladura de limón	1 cucharadita
Azúcar	al gusto
Canela en polvo	1 cucharadita
Sal	1 pizca
Mantequilla	25 gramos
Huevos	4
Aceite	½ taza

Se pone al fuego la leche con el azúcar y la sal. Cuando suelta el hervor se agrega toda la harina, la mantequilla y la ralladura de limón. Se está moviendo hasta que la pasta quede bien cocida y se desprenda de los lados de la cacerola. Se deja enfriar un poco y se empiezan a colocar los huevos, uno a uno, batiendo bien sin agregar el siguiente hasta que el anterior esté bien incorporado.

Se toman cucharaditas de esta pasta y se fríen en el aceite caliente. Se revuelven en azúcar y canela o miel de piloncillo.

Calabaza en dulce

Calabaza	1
Piloncillo	2 piezas
Canela	2 rajas

Se pela la calabaza y se parte en trozos. Se pone

en una cazuela rodeando la pieza entera de piloncillo con las rajas de canela distribuidos entre la calabaza. No se le pone agua. Se tapa y se deja a fuego bajo. Se mueve de cuando en cuando para evitar que se pegue, pero no debe hacerse a menudo para que no se desbarate la calabaza; cuando ya esté suave se retira de la lumbre y se sirve.

Capirotada

Bolillos rebanados	8
Aceite	1½ tazas
Piloncillo	800 gramos
Canela	1 raja grande
Piñones	½ taza
Pasas sin semilla	½ taza
Queso añejo	200 gramos
Mantequilla	50 gramos

El bolillo rebanado se dora en aceite bien caliente. El piloncillo se pone al fuego con tres tazas de agua y la canela, se tapa y se deja hervir hasta que se disuelva.

En un platón refractario untado con la mantequilla se pone una capa de rebanadas de pan, se le vierte la miel encima y se espolvorea con un poco de queso rallado, piñones y pasas. Se pone otra capa de pan, otra vez miel, queso, piñones y pasas, y así sucesivamente hasta terminar. Se mete al horno caliente sólo el tiempo necesario para que el pan se impregne de la miel.

Cocada hecha con marqueta de coco

Marqueta de coco de Acapulco	1 kilo
Leche evaporada	1 lata
Yemas de huevo	4
Almendras	25 gramos

Se deslíe la cocada de marqueta con la leche evaporada y se pone al fuego para que se derrita completamente el azúcar. Se retira y se deja enfriar un poco para agregar las yemas, ligeramente batidas, y se vuelve a poner al fuego a que espese. Una vez fría se pasa al platón, adornándolo con las medias almendras peladas y se coloca unos minutos bajo la flama del asador para dorarla.

Churros

Harina	500 gramos
Agua	1 litro
Sal	½ cucharadita
Limones	2
Aceite	el necesario
Azúcar	al gusto

Se pone a hervir la sal con el agua en una cazuela de barro. Cuando suelta el hervor fuerte se agrega toda la harina y se retira del fuego, batiendo la pasta hasta que haga ojos.

Se pone el aceite a calentar (bastante) con unos limones cortados en trozos; cuando está bien caliente y la pasta no se ha enfriado se mete en el aparato especial, sacando los churros directamente sobre el aceite caliente. Se van cortando con unas tijeras. Se desgrasan y revuelcan en azúcar granulada.

Gaznates

Harina	3 tazas
Huevo	9 yemas
Manteca	1 cucharada
Aguardiente catalán	1 copita
Semillas de anís molidas	al gusto

Se cierne la harina sobre los demás ingredientes, añadiendo, si es necesario, una poquita de agua tibia para formar una pasta suave que se deja reposar un rato.

Se extiende lo más delgado que se pueda, cortando cuadros como de 12 cm. por cada lado. Se toman los extremos contrarios y se pegan con una poquita de agua. Con ayuda de unos palitos, para que no se cierren, se fríen en aceite bien caliente. Se desgrasan sobre un papel poroso y ya fríos se rellenan con postre de camote o turrón de claras de huevo.

Guayabate

Guayabas	3 kilos
Azúcar	2 kilos

Con un cuchillo se les quita el tallo y la coronita a las guayabas. Las semillas se colocan en un trasto y los cascos en otro. En ambos se vierte una poca de agua y se cuecen hasta que estén suaves. Las semillas se pasan por un colador fino y los cascos se muelen. El jugo resultante de las semillas pasadas y la pulpa molida se juntan con el azúcar y se hierven en un cazo de cobre, o de barro, moviendo continuamente con pala de madera hasta que se vea el fondo del cazo. Se vacía en los moldes y se deja asolear varios días, hasta que seca. Se saca de los moldes, envolviendo cada trozo o figura en papel encerado, guardándolos en lugar fresco y seco.

Jericalla

Leche	½ litro
Azúcar	115 gramos
Huevos enteros	2
Yemas	2
Canela	1 raja

Se hierve la leche con el azúcar y la canela durante unos tres minutos; se mezclan los huevos y las yemas, y se les agrega la leche que se habrá dejado enfriar un poco; se vacían en tacitas refractarias untadas de mantequilla, y en baño María se meten al horno hasta que estén doradas.

Marquesotes

Harina	400 gramos
Azúcar	500 gramos
Huevos	16
Limón	1
Grasa vegetal	la necesaria

Se baten los huevos con todo y yema hasta que endurezcan un poco. Se les agrega el azúcar y se sigue batiendo hasta que haga ojos; finalmente se agrega la raspadura del limón y la harina, incorporándola poco a poco sin dejar de batir y se sigue haciendo por un rato largo. Se prepara un molde engrasado con manteca vegetal y en él se vacía la masa, poniéndose al horno hasta que se cuece. Ya cocida la torta, se corta en rebanadas largas que se hornean a fuego bajo durante un rato, hasta que se doren los bordes.

Mamón (sin grasa)

Harina	2 tazas
Huevos	8
Sal	¼ de cucharadita
Azúcar	1½ tazas
Limón	1

Se cierne la harina, se mide y se vuelve a cernir tres veces con la sal. Se separan las claras de las yemas y éstas se baten hasta que estén muy espesas y de color amarillo claro verdoso. Se les agrega el jugo, la ralladura de limón y el azúcar y se sigue batiendo unos minutos. Después la harina, ya sin batir, y por último las claras batidas a punto de turrón. Se cuece a horno moderado 350° C por cincuenta minutos o una hora, hasta que metiendo un palillo, salga seco.

Peronate

| Perones ácidos | 3 kilos |
| Azúcar | 3 kilos |

Se ponen a cocer los perones, bien lavados. Se pasan por colador o cedazo y se pesa la pulpa resultante. La misma cantidad que pesen, se agrega de azúcar.

Se moja el azúcar con una poca de agua y se pone al fuego, dejando que tome punto de bola suave, que es bastante espeso. Se agrega la pasta de perón, moviendo sin cesar con palita de madera, a que alcance un punto más alto que el de la cajeta. Se retira del fuego, se bate unos minutos y se vacía en los moldes, asoleándolo y guardándolo como el membrillate.

Ticutas

| Harina | 2½ tazas |
| Manteca | 2 cucharadas |

Yemas de huevo	3
Agua	la necesaria
Conservilla de coco blanca, es decir, sin yemas y bien espesa	1½ tazas

✔ *Merengue o turrón:*

Azúcar	2 tazas
Agua	3/4 de taza
Crémor tártaro	½ de cucharadita
Miel de maíz	1 cucharada
Sal	1 pizca
Claras de huevo	2
Vainilla	1 cucharadita

Se cierne la harina en un tazón, poniendo en el centro las yemas y la manteca. Se van mezclando con poca agua a formar una masa más bien durita. Se extiende sobre una tabla enharinada, cortando círculos que se dejan reposar por un rato. Se les voltean ligeramente las orillas formando un rizado, a quedar unas tartaletas pequeñas que se hornean a 350° C por unos minutos a dorar. Se dejan enfriar.

El turrón se hace de la siguiente manera: se moja el azúcar con el agua y se pone al fuego moviendo hasta que disuelva el azúcar. En el momento en que suelta el hervor, se deja de mover, se añade la sal, la miel de maíz y se deja hervir hasta que tome punto de bola suave.

Poco a poco se agrega el jarabe a las claras batidas con el crémor a punto de turrón, batiendo sin cesar hasta que el turrón esté frío. Se agregan unas gotas de vainilla o jugo de limón.

A las cazuelitas ya frías se les coloca en el fondo una poca de conservilla de coco. Encima un poco de turrón, espolvoreándolas con grajea color rosado.

Pan de muerto

Harina de trigo	300 gramos
Mantequilla	100 gramos
Manteca	25 gramos
Azúcar granulada	75 gramos
Levadura	10 gramos
Huevos	6
Agua de azahar	1 cucharada
Té de anís concentrado	1 cucharada
Sal	una pizca

La levadura se disuelve en una poca de agua tibia y luego se le agrega un poquito de harina para formar una pastita suave. Ya todo bien amasado se tapa y se deja reposar en un lugar tibio o en el sol; estará buena para usarse cuando haya subido al doble.

Se cierne la harina con la sal y se pone en una tabla de amasar, se le hace una fuente y ahí se ponen todos los ingredientes y la levadura ya preparada; se amasa hasta que despegue de la tabla. Entonces se pone en una cacerola engrasada con manteca, se tapa con un lienzo y se deja reposar en un lugar tibio, hasta que aumente al doble de tamaño. Luego se vuelve a amasar un poco y se parten los panes del tamaño que se desee. Con otro pedacito de pasta se hacen los adornos que ya todos conocemos en el pan de muerto y se cubre con azúcar granulada espolvoreada. Se mete al horno a 350° C y ya que subió y ha empezado a dorarse, se le baja un poco la temperatura hasta que esté bien cocido.

Torrejas

Leche	1 litro
Pan blanco	2 piezas
Azúcar	200 gramos
Extracto de vainilla	2 cucharadas
Manteca	la necesaria

Se pone la leche con el azúcar y la vainilla en una cacerola, y se hierve por un cuarto de hora. Mientras tanto, se corta el pan en rebanadas que se remojan con la leche que se ha preparado, antes de dorarlas en la manteca. Se deja el resto de la leche al fuego hasta que espese un poco y con ella se cubren las torrejas para servirlas en frío.

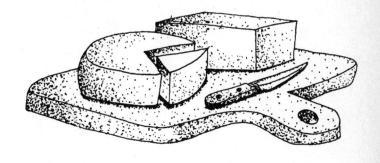

Queso menonita. Chihuahua